Zweifel schürend
Und Hoffnung vernichtend,
Versuchen mit Verve
Engstirnige Besserwisser und
Radikale Pessimisten meine
Sichtweise zu zerstören.
Ich jedoch widersetze mich dem
Chor der Dystopisten,
Heiße Wunder willkommen und
Tränke mein Herz mit ZUVERSICHT.

7 mal 7 mal
Zuversicht
Claudia Wenke-Matz

Inhalt

I

HERAUSFORDERUNGEN

Was
dem Einen
erst Alpha ist
bedeutet dem Andern schon
Omega

Herausforderung

Ich bin zwar anderer Meinung als Sie,
doch würde ich mein Leben dafür geben,
*dass Sie Ihre Meinung frei aussprechen dürfen.**
Das ist mein Lebensmotto, du mein Voltaire!

Doch würde ich wirklich mein Leben geben
für den Dumpfen mit dem Totschlagargument,
der weder Toleranz noch Gnade kennt?
Würde ich dafür mein Leben geben?

Dass Sie Ihre Meinung frei aussprechen können,
dies sei Ihnen jederzeit unbenommen.
Doch nicht, um per Shitstorm recht zu bekommen,
sollen Sie Ihre Meinung frei aussprechen können.

Du mein Lebensmotto, du mein Voltaire,
wir haben es schwer in diesen Tagen.
Doch müssen wir deine Verteidigung wagen
für dieses Motto, für uns, mein Voltaire!

*Originaltext Voltaire

Diese ambivalente Silvesternacht

wieder einmal
schon wieder

Ich erschrecke
denn die neue
vierte Zahl morgen
weist auf meine
eigene
Endlichkeit

sie rückt
bedrohlich
näher

wieder einmal
schon wieder

Ich frohlocke
denn die neue
vierte Zahl heute
weist auf eine
neue
Möglichkeit

auch sie rückt
verheißungsvoll
näher

Brief an die Welt

Liebe Welt,

wir müssen mal reden. Nein, nicht über Krieg und Schlechtigkeit, nicht über Abgründe und Katastrophen. Davon reden andere - jeden Tag und mit Recht.
Ich spreche heute mit dir über deine verschwenderische Fülle an Verführungen, die täglich (und manchmal will mir scheinen nur für mich) von dir bereitgehalten werden.
Beginnst du nicht schon morgens, wenn der Wecker klingelt? Diese kuschliche Wärme, aufgebaut von flauschigen Daunen in der Nacht! Dieses Lied des leisen Regens am Fenster, der „bleib‘ daheim, bleib daheim" ans Fenster klopft. Ganz zu schweigen von IHM neben mir, der just an jenem Morgen beschlossen hat, seine Überstunden abzufeiern und sich, im Halbschlaf wohlig grunzend, an meine Seite schmiegt? Sag‘ nicht, du wüsstest nicht, welche Disziplin es erfordert, seufzend dieses Idyll zu verlassen und sich unter die kalte Dusche zu begeben.
Hast du Welt, diesen ersten Kampf gegen mich verloren, beginnst du, weitere kleine Boshaftigkeiten in den Weg zu streuen. Natürlich stehen Kräutertee und Müsli wartend in den Küchenschränken, doch wie oft ist Westwind und die Düfte des Bäckers mit Frühstücksangebot von gegenüber wehen ungefiltert herein? Allerlei Brötchen, knusprige Croissants, Rührei mit Speck und ja, seit Neuestem ahornsiruptriefende Pancakes? Nicht zu vergessen Orangensaft und Latte Macchiato! Schon zweimal richtig Arbeit, deinen Verführungen zu widerstehen. Wenn ich glaube, auf dem Weg ins Büro sei Ruhe, weit gefehlt. Eine neue Boutique hat direkt neben der Bushaltestelle eröffnet, im Schaufenster Blusen, Hosen und - ich sage dir - Jacken. Am Verführerischsten sind die Jacken, denn ich und Jacken… das ist schlimmer noch als Schuhe.
Im Büro nun beginnt ein Dauerkampf, denn wie von ungefähr stapeln sich in der unteren Schublade Schokoriegel, Geleebananen und Gummibärchen - ach ja! Muss ich dir sagen, dass es sich eingebürgert hat, dass, wenn jemand Geburtstag hat, Kuchen und Torten immer größere und schlagsahnigere Formen annehmen? Mittags in der Kantine gibt es - ja, auch Salat. Der sieht immer sehr gesund aus.

Am Nebentisch lacht das Schnitzel…
Am Nachmittag, oh du böse Welt, fährst du dein schwerstes Geschütz auf. So schwer, dass es bis in den Abend hineinreicht. Monatskonferenz. Und neben mir sitzt der neue Kollege aus der Kreativabteilung. Dass er geradezu unverschämt gut aussieht mit seinem kantigen Kinn und den dunkelbraunen Locken, ginge ja noch. Wenn er sich über den Tisch beugt… dieser Knackpo… je nun. Aber diese Stimme.
Sonor, fast ein bisschen rauh… und das, was er sagt, ist auch noch gescheit!
Nach einer von mir eingebrachten Idee hat er mir zugezwinkert und gemeint, wir müssten diese Gedanken vertiefen … er kenne da eine Cocktailbar…ein Hauch von Sandelholz weht zu mir herüber…

Liebe Welt, ob ich zu dieser Verführung „ja" oder „nein" gesagt habe, umhülle ich mit dem Mantel des Geheimnisses.

Mit verführten Grüßen

deine Weltbewohnerin

Zwischenbilanz

„ ... und diese Geschichte fand ich letzte Woche im Polizeibericht des Weserkuriers vom 20.08. dieses Jahres: Ein Autofahrer hat in Bremervörde eine Badewanne auf der Landstraße L 123 hinter sich hergezogen. Der ungewöhnliche Anhänger schlingerte an einem sechs Meter langen Seil hin und her. Funken flogen in alle Richtungen..."

An dieser Stelle wird Stefan durch schallendes Gelächter unterbrochen.

- Das ist nicht dein Ernst...
- Das glaube ich nicht...
- Das ist eine Glosse...
- Nein, nein, hört weiter. In der Wanne saß ein Mann mit Motorradhelm...

Nun gibt es kein Halten mehr. Wir prusten los, wiederholen japsend die vorgelesenen Sätze und malen uns diese Szene in buntesten Farben aus.

Seit zehn Jahren treffen wir uns regelmäßig alle drei Monate bei Stefan, im Sommer auf seiner Terrasse, im Winter in seinem Kaminzimmer. Bis zum Ende unserer Schulzeit waren wir unzertrennlich gewesen, dann hatten wir uns aus den Augen verloren. Erst bei der Zehnjahresfeier nach dem Abitur hatten wir uns wiedergesehen und dort unsere „Jahreszeitentreffen", wie wir sie nennen, vereinbart.

- Lies weiter!, fordert Jens und wischt sich die Lachtränen aus seinem mittlerweile feist gewordenen Gesicht.

Doch Stefan erzählt frei weiter. Es hatte sich um den Junggesellenabschied des jungen Mannes in der Badewanne gehandelt. Fünf weitere Kumpane waren am Straßenrand verteilt gewesen, dieses irrwitzige Spektakel zu filmen und das Video – gleichsam als Höhepunkt zur Hochzeitsfeier – zu präsentieren.

Die Polizei hatte dem Ganzen ein Ende gesetzt, zwei der Filmenden waren jedoch in der Dunkelheit des Waldes verschwunden.

Irgendwann am Fuße der Geschichte schweigen wir. Zu hören ist nur das Knistern des ersten Kaminfeuers in diesem Herbst und ab und zu das leise Klingeln der Eiswürfel in Simons Glas, der – wie immer – als einziger Whisky trinkt, um seine Hochzeitsreise nach Florida vor sieben Jahren nicht in Vergessenheit geraten zu lassen.

Meine Gedanken wandern zurück.

- Von meinem Junggesellenabschied weiß ich nur noch, dass wir zuerst beim Brückenwirt waren, dann beim Türken Döner gegessen haben und schließlich in der Disco Neon gelandet sind und mir anschließend zwei Tage lang erbärmlich schlecht war.
- Du hast damals ja auch nichts vertragen...
- Das tu‘ ich bis heute nicht.
- Und bist noch immer brav mit Martina verheiratet.
- Ja.

Ich verschweige ihnen, dass wir seit einiger Zeit getrennte Schlafzimmer haben, dass Martinas Abende im Fitnesscenter immer länger werden, dass ein solcher „Abend“ irgendwann bis zum nächsten Morgen dauern wird, es ist nur eine Frage der Zeit.

- Toll, dass diese jungen Burschen diese verrückte Idee in die Tat umgesetzt haben, nimmt Simon den Faden des Zeitungsartikels wieder auf. Verrückt und gefährlich, aber sie haben es gemacht.
- Das hätte auch ins Auge gehen können, wendet Jens ein und ich schließe mich mit einem „sogar tödlich“ an.
- Trotzdem, Simon insistiert, sie haben es gemacht. Wisst ihr, dass ich immer mal wieder davon geträumt habe, mit einem Gleitschirm vom Kölner Dom zu springen und auf der Domplatte zu landen?

Wir lachen, aber leiser als vorhin, ein wenig gezwungen.

- Mein Traum war, in Indien den Umgang mit Elefanten zu lernen und in einer Show mit einem Kampfelefanten der Superstar zu sein.

Dieser Traum von Jens, der schon in der Grundschule etwas dicklich und immer absolut unsportlich war, verblüfft uns so sehr, dass keiner von uns auch nur ein ganz klein wenig lächelt.

- Und wir alle vier wollten ganz bestimmt einen VW-Bulli umbauen und damit in Afrika Stefans Großonkel besuchen.

Jahrelang habe ich nicht mehr daran gedacht, ich erschrecke über meine Worte. Wohin sind all diese Träume verschwunden?

Wer sind wir geworden? Wer sind wir – geblieben?

Still trinken wir und starren ins Feuer.

Der morgige Tag wird sich nahtlos an alle anderen reihen.

Die Aufgabe

Auf einer Reise außerhalb von Zeit und Raum begegnete ich einem weisen Mann, der das Wissen des Seins in sich trug.

Ich fragte ihn:

„Welche Aufgabe habe ich noch in diesem Leben?"

Er hob seinen Arm leicht nach vorne, den Ellenbogen ein wenig gebeugt, die Hand leicht gewölbt.

Schweigend verharrte er in dieser anmutigen und gleichzeitig ambivalenten Haltung.

Gab die Hand?

Nahm die Hand?

Ich spürte die vollendete Harmonie dieser Geste und sie berührte mich tief.

Und endlich sah ich:

„Deine Aufgabe ist die immer gleiche Aufgabe aller Menschen zu allen Zeiten in allen Leben. Finde das Gleichgewicht zwischen Geben und Nehmen. Es ist das Tor zum Frieden in dir und in der Welt."

Der Weise lächelte, nickte und verschwand.

Ausgang

Ich weiß es ganz sicher -
irgendwann wird er kommen:
der eine kurze Moment.
Plötzlich ist ein Spalt offen,
und ich finde den Ausgang,
den Weg hinaus
in die Freiheit.

Ihr werdet es nicht verhindern
mit euren Türen und Schlössern,
mit Zierrat und falschen Versprechen
von Ofen und Sicherheit.
Ich weiß, ich muss ihn finden,
den Weg hinaus
in die Freiheit.

Dort werde ich zittern und frieren
und kämpfen um jede Nacht
und jubeln im wärmenden Licht
des neu erwachenden Morgens -
denn unter den nackten Sohlen
vibriert der Weg
meiner Freiheit.

II

ENTSCHEIDUNGEN

Höre
nicht auf
Lärmen und Klappern,
denn wichtige Entscheidungen fallen
leise!

Zweifel

Ich sehe dich, wie du schwarzgelb
in meiner Seelenecke kauerst,
sich deine Fratze giftgrün färbt,
wenn du auf mich als Beute lauerst.

Spitze Zähne schlägst du hämisch
in mein wages Gedankengespinst,
zerreißt genüsslich alles Neue
wobei du dabei auch noch grinst.

Du drängst dich in die Zwischenwelt,
bist selbst im Schlaf bei mir an Bord
und wisperst noch in meinem Traum
dein zischend hartes zänkisch Wort.

Schwefelschwaden wabern über
dem Versuch, dich zu zerreißen.
Dein bitter-saurer Widerstand
lässt mich auf die Zunge beißen.

Doch habe ich dir auch zu danken,
wo wäre ich denn ohne dich?
Ich würd` im Mainstream still versinken
und scheiterte ganz fürchterlich.

Wege

Wann sind Wege eigentlich Kreise?
Führt die Spirale nach oben
oder vielleicht doch hinunter?
Wann narrt dich der so sichere
scheinbar vorgegebene Pfad?
Bist du unterwegs
auf M.C.Eschers
absurder Treppe?

Wer sagt dir,
wann du wohin
abbiegen sollst?
Oder willst?
Oder musst?

Rätsel
im Licht
oder Schatten…
Wie du sie löstest,
weißt du erst
ganz am
Schluss.

Wanda

Wanda gehörte noch zu der Generation, die zuerst in der Jungschar, dann im Kirchenchor viele Male das Lied „Üb‘ immer Treu und Redlichkeit“ gesungen hatte und war fast ihr ganzes Leben lang darum bemüht gewesen, dieser Forderung zu entsprechen. Ihr Üben war wohl auch erfolgreich, seit fast vierunddreißig Jahren war sie Buchhalterin bei „Meyer-Schraubenwerk“ und es hatte nie Grund zur Beanstandung gegeben. Den alten Justus Meyer hatten alle geliebt, sie wussten, dass er bei der großen Wirtschaftskrise damals so manche schlaflose Nacht gehabt hatte und rechneten ihm noch heute hoch an, dass er damals keinen von ihnen entlassen hatte. Niemandem war entgangen, dass es mit den Meyer-Schrauben schleichend bergab ging.

Dann allerdings kam Sohn Viktor Meyer in die Firma und mit ihm seine neue Frau Angelina. Da von diesem Augenblick an die Fabrik auf wundersame Art genesen schien und Angelina weder besonders hübsch noch irgendwie charmant war, dachte man sich seinen Teil und munkelte entsprechend auf den Fluren.

Nachdem sich der alte Meyer zurückgezogen hatte, änderte sich der Ton grundlegend. Aus dem „Meyer-Schraubenwerk“ wurde die „Screw-Consulting“. Der Spott über etwaig beratungsresistente Schrauben war alsbald Kantinengeflüster. Stechuhren wurden eingeführt, einfache Tätigkeiten „outgesourct“, es herrschte Druck und entsprechend schlechte Stimmung.

In allen Büros hing unübersehbar das neue Schild:

„Perfektion ist Pflicht!“

Wanda hasste den rotbraunen hässlichen Schriftzug und versuchte, ihn zu ignorieren.

Eines Morgens scannte sie die aufgelaufenen Rechnungen ein. Routiniert überflog sie die einzelnen Posten.

Plötzlich stutzte sie. Moment.

Die Übernachtung von Meyer Junior letzten Donnerstag in Frankfurt im Doppelzimmer?

Wanda blätterte im Terminkalender. Richtig. Zur gleichen Zeit eine Abrechnung von Frau Meyer über ein Geschäftsessen hier im Sonnenhof.

Aha!

Der perfekte Herr Viktor.

Sieben Monate später, drei Tage nach ihrem sechzigsten Geburtstag, legte Herr Meyer junior Wanda nahe, in den Ruhestand zu gehen.

Wanda war entsetzt. Sie fühlte sich gesund und fit und ihr war klar, dass sie in ihrem Alter keine andere Anstellung mehr finden würde.

Nachdenklich sah sie Viktor Meyer an.

‚Ich weiß was von dir', dachte sie. Bevor sie jedoch zu Wort kam, fuhr ihr Chef schon fort.

„Bringen Sie die laufenden Vorgänge zu Ende, dann mailen Sie bitte die Ordner hinüber zu meiner Frau. In Zukunft wird sie Ihre Aufgaben wahrnehmen. Sie können dann gleich Ihren Resturlaub antreten."

Wanda zuckte die Schultern und schwieg.

Wenige Tage später räumte sie den Schreibtisch leer, packte ihre persönlichen Sachen in einen Karton und setzte sich ein letztes Mal an den Computer.

Sie öffnete den Ordner „Ungeklärte Vorgänge", sowie den Ordner „Rechnungen". Mit der Maus zog sie die Frankfurter Rechnung zwischen zwei Anfragen an potentielle Zwischenhändler. Sie schloss sie wieder und klickte „Senden" an.

Bevor sie die Bürotür hinter sich schloss, warf sie noch einen Blick auf das „Perfektion ist Pflicht"-Schild.

„Ha!", meinte sie, schmunzelte und beschloss, sich auf ihren neuen Lebensabschnitt zu freuen.

Isa und Amei

Nachdem Amei das wilde Geigensolo aus Schostakovitsch' fünfter Symphonie beendet hatte, senkte sie langsam den Bogen und lauschte der schweren Sommerstille, die über dem tiefen Tümpel vor ihrem Fenster und über den sattgelben Feldern lag. Sie hasste den Anblick in diesem Moment ebenso sehr, wie sie ihre Mutter hasste. Die Wut auf das Regime, die der Komponist einst in seine Komposition gelegt hatte, ballte sich in ihr zusammen und sie beschloss jetzt - genau jetzt - ein Ende zu machen. Ein Ende mit diesem Leben, das ihr den Hals abdrückte, sie ersticken ließ in Pflicht und Fürsorge und schlechtem Gewissen. Langsam verstaute sie das Instrument in seinen Kasten, atmete noch einmal tief und schloss die Augen, um ihren Traum von New York in Form der Silhouette von Manhattan mit der Freiheitsstatue davor zu visualisieren. Dann nickte sie entschlossen und eilte fast ins Wohnzimmer.

Ihre Mutter saß an ihrem ausladenden Jugendstilschreibtisch, wie immer gebeugt über eine alte vedische Schrift, die sie aus dem Sanskrit sowohl ins Deutsche als auch ins Englische übersetzte. Als sie Amei hörte, streckte sie ihr abwehrend den Arm mit gespreizten, von Arthritis verkrümmten Fingern entgegen:

„Moment. Nur noch eine Zeile. Ich habe gerade die richtige Formulierung."

Amei warf den Kopf zurück.

„Du hast immer gerade die richtige Formulierung und keine Zeit für Andere, für jetzt Lebende. Aber jetzt hörst du mir zu, deiner Tochter. Ich - ich bin Gegenwart und keine deiner vergilbten Schriften. Ich bin hier und jetzt und jetzt werde ich gehen."

Stille.

Erst nachdem in der Ferne das tuckernde Geräusch eines Traktors erklang, drehte sich die Welt wieder, und Isa blickte über ihre Schulter.

„Unsinn. Wo willst du hin?"

„Amerika. New York. San Francisco. Chicago. Ich weiß es nicht. Ich fliege hinüber und bewerbe mich bei den vielen Orchestern, die es dort gibt."

„Und du meinst, die warten dort auf dich..."

„Nein, aber du weißt, dass ich einen guten Abschluss von der Lübecker Musikhochschule habe. Ich werde jedes Angebot annehmen und zuerst in der Provinz spielen, dann sieht man weiter."

„Und ich?“

Wieder stand Stille im Raum und lastete auf Ameis Schultern. Doch der Augenblick der Wahrheit war gekommen.

„Zieh in eine Seniorenresidenz. Verkaufe dieses Haus, das viel zu groß für uns beide ist. Es ist genug Geld da, um irgendwo hinzuziehen, wo es dir gefallen kann.“

Langsam, wie in Zeitlupe, drehte Isa ihren Rollstuhl vom Schreibtisch weg, sodass sie ihrer Tochter direkt in die Augen sah.

„Das willst du mir wirklich antun?“

Amei nickte. Laut aussprechen konnte sie es nicht.

„Dass mich wildfremde Leute waschen, umbetten, um mich herumstehen, wenn ich sterbe...“

Isa sah ihre Tochter vorwurfsvoll und gleichzeitig Mitleid heischend an und machte es ihr damit - ungewollt - leichter.

„Du stirbst noch nicht. Und die Pflegenden sind dir nicht lange fremd. Ich lasse mich von dir nicht mehr erpressen. Es ist mein Leben, denn Jens lebt seines schließlich auch.“

„Jaja. Dein Bruder Jens. Lange Zeit tat er erzkonservativ, aber als es darauf ankam, hier auf unserem Gut die Tradition zu wahren, auf dem Land zu leben, die Pachten zu verwalten und mich mit seiner Frau zu pflegen - da wurde er plötzlich ganz progressiv und erklärte, das einzig wahre Leben spiele sich in Berlin ab. Berlin! Arm, aber sexy. Dass ich nicht lache.“

Der Ton der alten Frau war bitter.

„Er hat das einzig Richtige getan - Mutter.“

Diese letzten Worte sagte Amei leise und verließ geräuschlos den Raum.

Am nächsten Tag brach sich das erste Licht der Morgensonne in den Speichen des Rollstuhls, der am Ufer des Tümpels stand

- leer.

Wechsel

Das alte Einhorn, welches seit Äonen auf dem weichen Mooskissen seines Berggipfels geruht hatte, erhob sich sehr langsam, da seine Gliedmaßen vom langen Liegen steif geworden waren. Es dehnte sich und blickte hinab auf das kleine Plateau unmittelbar unter ihm. Dort standen mehrere jüngere Einhörner, denen die Bewegung auf dem Gipfel nicht entgangen war.

„Es wird uns doch nicht verlassen", riefen einige besorgt, „wer wird uns beraten, wer wird uns führen?"

„Wer wird uns die Welt erklären?", wehklagte ein anderes.

„Wer wird uns sagen, was wir tun müssen?", murmelte ein weiteres.

Nach einer Weile verstummten diese Stimmen.

Nicht allzu laut, doch deutlich vernehmbar, meinte alsbald eines: „Nun – manchmal waren seine Worte ein wenig aus der Zeit..."

„... und die Fragezeichen waren aus seiner Rede verschwunden, sie wurde von Ausrufezeichen beherrscht.", ergänzte ein etwas älteres.

Auch sie schwiegen irgendwann. Zu hören war nur das Hufescharren eines kräftigen Einhorns, das ein wenig abseits stand. Noch hatte es keinen Schritt auf den Weg zum Gipfel gewagt, doch seine lebendigen Augen sprühten.

Das alte Einhorn lächelte. Sein Platz würde wieder besetzt werden.

„Weise ist, wer irgendwann keine Weisheit mehr verkündet", dachte es; sah noch einmal in die vier Windrichtungen, wandte den Kopf gen Himmel und hinab in die Täler und blickte noch ein letztes Mal in Vergangenheit und Zukunft.

Dann begab es sich ruhig auf die verborgene Seite des Berges.

Aufräumarbeit

Eigentlich sollte er weggeworfen werden,
der kleine Engel von der Fensterbank.
Zusammen mit Fotos und Reiseandenken
und dem getrockneten Hochzeitsstrauß.

Ja - eigentlich sollte er weggeworfen werden.
Ich hatte schon alles rausgetragen,
um das Zeug im Restmüll zu entsorgen.
Alles - natürlich auch und vor allem
den alten trockenen Hochzeitsstrauß.

Die meisten Erinnerungen waren schon
mit leisem Triumph und ohne Bedauern
in der schwarzen Tonne versenkt.
Die Souvenirs haben gescheppert und
der Hochzeitsstrauß ist zu Staub zerfallen.

Zum Schluss hatte ich
den kleinen Engel in der Hand.
Und fragt mich nicht warum,
aber ich lehnte ihn an die Häuserwand -
gleich neben der rostigen Regenrinne.
Ich seh ihn jeden Morgen, wenn ich zur Arbeit geh,
aber ich schau weg.

Manchmal denk ich insgeheim,
ob er nicht vielleicht eine Hoffnung ist
auf einen neuen Strauß - irgendwann.

III

ERFAHRUNGEN

schweben
im Raum
unter dem Himmel
ich träume den Vogel -
wach.

Erfahrung

Seit ich nicht mehr trinke noch rauche
hör' ich allenthalben, wie gesund das doch sei!
Ist es zu fassen, wie sehr ich mich sehn'
ins zugige Raucherzimmer und in finstere Kneipen zu geh'n?

Was ich unter all' den Braven erlebe
lässt mich frier'n oder langweilt mich.
Seit ich meiner Laster entbehre
bin ich auch weniger tugendlich!

Was mich bei alldem zutiefst erschreckt,
bald soll's gar keine Laster mehr geben!
Seit die Empörten das Sagen haben,
frag' ich mich: Wozu dann noch leben???

Erkenntnis

Eines Tages fiel ihr auf,
dass sie ganz selten
über die Liebe schrieb…
Von der doch alle sagen,
dass sie das Wichtigste sei
und sie besingen rund um die Uhr
in Rock und Pop, in
Opernarie und Musical.
Sie hinterfragte also bang
ihr Leben, ob nicht vielleicht
Entscheidendes fehle…
Irgendwann lächelte sie,
denn sie erkannte:
Sie schrieb nicht darüber -
sie liebte.

Brief an einen großen Dichter

Sehr geehrter Herr von Goethe,

müsste ich mindestens eigentlich schreiben und - da wir uns nie zu trautem Gespräch begegnet sind - muss ich Sie natürlich siezen. „Lieber Johann-Wolfgang" möchte mir viel lieber über die Lippen kommen und „du" sagen; begleitest du mich doch wie kaum ein zweiter Mensch seit vielen Jahrzehnten und stehst mir zur Seite - nicht nur, aber vornehmlich in dunklen Stunden, in Zeiten des Bedauerns, der Trauer, oft auch der Verzweiflung.
Du bist in mein Leben getreten, als ich acht Jahre alt war und einen Vers für das Poesiealbum einer Klassenkameradin suchte. Fast alle Seiten waren bereits gefüllt - mit Versen, die dir zum Teil Schauer über den Rücken gejagt und bewirkt hätten, dass du mit Sicherheit der damaligen Jugend keinerlei Zukunft gegeben hättest. Meine Mutter muss dies wohl ähnlich empfunden haben, denn nach der Lektüre wie „Rosen,Tulpen, Nelken, alle Blumen welken"… und „Ich hab' mich hinten angewurzelt, dass niemand aus dem Album purzelt…", gab sie mir folgenden Vers von dir:

Lass nur die Sorge sein,
das gibt sich alles schon;
und fällt der Himmel ein,
kommt doch eine Lerche davon.

Natürlich stand ich zuerst ein bisschen ratlos vor dem Inhalt, aber meine lyrikliebende Mutter erklärte mir deine großartige Erkenntnis. Ich begann auf der Stelle, die Lerchen zu suchen - und glaub' mir, das war als Kind nicht immer einfach. Lebt man da doch noch sehr in der Gegenwart und meine Ungeduld war groß, wenn das Gute nicht gleich - also spätestens nach drei Tagen - um die Ecke gezwitschert kam. Meine Mutter half mir in der ersten Zeit, sodass ich Schritt für Schritt lernte, in größeren Zusammenhängen zu denken und irgendwann eintretende Folgen richtig zuzuordnen. Später dann: der erste Liebeskummer, Zoff mit den Eltern, ein schwieriger Lehrer, Heimweh während eines

Auslandsaufenthalts, unerfüllte Berufsträume - ach, es gibt so viele Gelegenheiten zu verzweifeln. Zwar dauerte es eine Weile, bis ich begriff, dass man nicht einfach nur abwarten konnte, sondern durchaus oft selbst aktiv werden musste, doch klammerte ich mich schon früh an die von dir verheißene gute Wende -und siehe, ich wurde, auch im Laufe meines Erwachsenenlebens und wenn es manches Mal ganz schön lange dauerte, fast nie enttäuscht.
Zwar arbeite ich mich auch jetzt noch an deinen ersten zwei Zeilen ab, denn es gelingt mir nur selten, wahrhaftig die Sorge sein zu lassen, aber immerhin: Ich warte stets auf den kleinen Vogel, der getreulich irgendwann - und sei es Jahre später - angeflogen kommt.
Mein wunderbarer und so großartiger Geheimrat. Gefeiert wirst du für Faust, Clavigo und Erlkönig. Ja, diese Werke sind genial und deine Zitate daraus führen wir noch heute auf den Lippen. Doch bei mir sind es diese vier Zeilen, die mir Richtschnur sind in den Meandern des Lebens.

Ich danke Dir.

Aus dem 21. Jahrhundert grüßt dich im Dichterhimmel

Claudia

Jetzt

Im zweiten Jahr ihres Alleinseins begann Clara, sich zu langweilen. Nach Rolfs Tod war sie zuerst mit Beerdigung und den unendlichen Formalitäten, die der Tod nun einmal mit sich bringt, beschäftigt gewesen, dann hatte sie glücklicherweise sehr schnell eine passende und bezahlbare Wohnung gefunden. Ihr war sofort klar gewesen, dass sie nicht in dem großen Haus bleiben wollte, in dem sie beide glücklich und unglücklich gewesen, alles gemeinsam bewältigt hatten, was ihr Leben an Unwägbarkeiten mit sich brachte, gefeiert, geliebt, gelacht und auch geweint hatten, wenn Freunde vor ihnen starben - und es waren schon so viele …

In dem Haus war jeder Winkel Rolf gewesen, jedes Zimmer Erinnerung, im Garten erzählte jede Blume seine Geschichte. Die Zeit bis zu ihrem Umzug war schmerzhaft gewesen. Jeder einzelne Gegenstand wollte gewogen und befragt sein:

Brauche ich dich noch?

Will ich dich noch?

Habe ich Platz für dich?

Welche Erinnerung hängt an dir?

Schmerzt du mich?

Erfreust du mich?

Und natürlich auch: Was hat dies oder jenes Rolf bedeutet…

Es war eine merkwürdige Zeit gewesen, voller Rückblicke, oft mit einem Lächeln, ebenso oft mit Tränen, ab und an auch Achselzucken - warum habe ich das Ding eigentlich noch staubfangend oben auf dem Regal stehen? Von Vielem musste sie sich trennen; zu wenig Platz in der neuen Wohnung, Möbel, die sich ansammeln in einem ganzen Haus, oder einfach Rolfs Bett, sein Schrank, sein Schreibtisch... bei Sozialkaufhäusern und Flüchtlingshelfern fragte sie vergeblich… auch der Abverkauf nach Kleinanzeigen im Wochenblatt war schleppend gelaufen. Heutzutage will kaum mehr jemand Gebrauchtes; kränkend manch überheblicher Kommentar, gutes, teures und noch gar nicht so altes Mobiliar landete auf dem Sperrmüll. Hämisch-vorwurfsvolle spätere Bemerkungen entfernter Nachbarn, das sei doch noch gut gewesen, ignorierte sie scheinbar, sie schmerzten dennoch.

Und die Bücher. Bücher, Bücher… Shakespeare, Goethe, Austen, Böll, Arendt, Dostojewski, Belletristik, Fantasy, Märchen, Sachbücher, Kochbücher, Lexika… bunt und quer durch die Sparten des

Gedruckten, sie las alles, zumindest ab einem gewissen Niveau. Doch ihr war klar gewesen, dass sie kein weiteres Mal über hundertzwanzig Bananenkisten voller Bücher umziehen würde, also wurden Krimis, viel Belletristik und auch Sachbücher für ein Antiquariat aussortiert.

Am Leichtesten waren die Lexika auszumustern… da griff sie heute zum Internet. Am schnellsten waren die Kochbücher eingepackt, denn fast vom ersten Tag an hatte sie für sich weitergekocht. Auch Rolf war belesen gewesen, daher hatte sich viel zu viel angesammelt. Einige Sachbücher behielt sie und packte auch Märchen und ein paar Fantasyromane in eine „Behaltekiste" - eher heimlich, für sich, sie sprach nicht darüber, ebensowenig wie sie zugab, dass sie als erwachsene Frau immer mal wieder in Programme für Kinder- und Animationsfilme zappte.

Es war eine schwere Zeit gewesen für Körper, Geist und Seele und erst, als sie ein gutes halbes Jahr nach Rolfs Tod in der neuen Wohnung einigermaßen eingerichtet war und sie nach all der Hektik etwas zur Ruhe kam, griff die Trauer mit mal eisigen, mal heißen Händen nach ihr und sie erfasste erst da die unbarmherzige Endgültigkeit der neuen Realität. Manchmal hatte sie den Impuls gehabt, aufzustehen und zu sagen: "So, jetzt ist es genug, ich hab' alles so tapfer geschafft… jetzt will ich heim und Rolf alles erzählen." Und dann weinte sie.

Nach dem Trauerjahr war es ein wenig leichter geworden. Sie bemerkte mit Erstaunen, dass tatsächlich etwas dran war am Wissen der Altvorderen: Jeder Erinnerungstag - Weihnachten, Ostern, Silvester, Hochzeitstag, Geburtstage, Todestag und Beerdigung - mussten einmal alleine durchlebt werden, bevor es Tage gab, an denen sie erwachte und feststellte, dass es ihr gutging und sie Lust hatte, etwas zu unternehmen. Und so war es geschehen, dass sie sich eines Morgens fragte:

Und jetzt? Was mache ich heute?

Die Wohnung war geputzt, die Wäsche gewaschen und gebügelt, Einkäufe erledigt, Rechnungen überwiesen, Mails beantwortet oder gelöscht, das Buch fertiggelesen, die Zeitung durchgeblättert…

Und nun?

Schon länger war in ihr immer mal die Idee gekeimt, wieder zu reisen.

Doch wie? Strandurlaub in irgendwelchen überlaufenen Touristengebieten kam nicht in Frage. Sie hatte mit dem Gedanken, vierzehn Tage im Sand zu liegen und in der Sonne zu braten, nie etwas anfangen können, außerdem - das hätte sie vor der Haustür. Fernreisen… da ging es meist in heiße Länder und sie vertrug nicht nur die Hitze nicht, sondern hatte auch kein gutes Gefühl mehr bei Fernflügen, solange die Forschung keine klimafreundlicheren Antriebe für Airliner erfunden hatte. Halbherzig hatte sie kurz einschlägige Internetanzeigen verfolgt, in denen Camper und Wohnmobile angeboten wurden. Vor zwanzig Jahren waren sie einmal sechs Wochen lang mit einem Bulli unterwegs gewesen. Doch seit der Coronaepidemie waren die Angebote nicht nur rar, sondern so überteuert, dass sie die entsprechenden Webseiten bald wieder verlassen hatte. Sie beschränkte sich darauf, im Internet durch Reiseportale zu surfen, aber nichts elektrisierte sie. Nach wenigen Ausflügen im Netz wurden ihr in der Werbung natürlich Reisen angeboten, fast ausschließlich Seniorenreisen und wieder gruselte es sie ein wenig, was man in den Weiten der Virtual Reality so alles über sie wissen mochte… wahrscheinlich hatte sie ein paar Mal vergessen, auf die kleine schwarze Maske zu klicken und auch das schien ihr nicht sicher…

Die Tage gingen mit Belanglosigkeiten dahin und wurden merklich kürzer, denn der Oktober neigte sich dem Ende zu.

An jedem Mittwoch stand sie früh auf und begab sich auf den Wochenmarkt. Man kannte sich - hier wurden ein paar Worte gewechselt, dort das neueste Gerücht erzählt, man wusste, von wem auch immer, die erstaunlichsten Neuigkeiten, das Wetter war immer eine Klage wert und schließlich kam sie zu ihrem Lieblingsstand: Zum großgewachsenen und schwergewichtigten Jan in seinem riesigen Verkaufsdaimler hinter frischen und geräucherten Fischprodukten.

„Was hast du denn heute Gutes für mich?“

Und Jan zählte auf: Seelachs, Dorsch, Rotbarsch, Lachsforelle mit und ohne Haut, Leng, Skrei… Im Laufe der Jahre hatte sie allerlei gelernt bei ihm und achtete - so gut es ging - einigermaßen darauf, meeresfreundlich und nachhaltig einzukaufen. Aber wenn man direkt an der Küste wohnte… sie konnte nicht widerstehen, sich einmal in der Woche eine Köstlichkeit aus der Ostsee zu gönnen.

„Heute bin ich noch da, aber ab nächster Woche bin ich weg.“,

grinste er.
„Urlaub?"
„Ja, hab' ich auch verdient, war eine lange Saison."
„Mit dem Wohnmobil?"
„Klar!"
„Und wohin?"
„Wieder Norwegen!" Er strahlte über das ganze Gesicht.
Clara seufzte leicht. „Davon träum' ich auch ein bisschen."
Der große Mann lehnte sich plötzlich über den Tresen, strich sich über den Vollbart und rief leidenschaftlich: „Nicht träumen - machen! Nicht irgendwann - jetzt!"
Clara zuckte die Achseln.
„Aber es gibt kaum Wohnmobile, und wenn, sind die zu teuer. Und mieten…" Jan unterbrach sie:
„Natürlich nicht kaufen. Nächste Woche kommt mein neues Wohnmobil. Mein alter Camper steht bei mir daheim. Ein T5. Ist alles drin. Reinsetzen und losfahren."
„Allein?"
Jetzt grinste Jan. „Warum nicht? Du kannst das."
Er konnte nicht ahnen, wie dankbar Clara ihm war, dass er sie - im Gegensatz zu so manch Anderen - mit ihren siebzig Jahren nicht als senile Greisin abtat.
„Schau' mer mal," lächelte Clara, bezahlte ihren Fisch und begab sich nach Hause.
Daheim wies sie die Idee von sich.
Zu Rolfs Bild auf dem Fenstersims sagte sie: „Und wer soll mich beim rückwärts Einparken einweisen? Das war immer dein Part!"
Das Bild schwieg lächelnd.
Plötzlich hatte sie wieder viel Alltagskram zu erledigen, ein Arztbesuch stand an, regelmäßiges Schwimmen nahm sie wieder auf, telefonierte mit Freundinnen und Bekannten, Küche und Bad wollten schon wieder geputzt sein, Getränkemarkt war fällig…
Doch es nützte nichts. Hartnäckig lugte der Camper in ihren Gedanken um die Ecke. Natürlich wusste sie um das Phänomen der selektiven Wahrnehmung, aber es standen wirklich noch nie so viele VW-Bullis T5 auf dem großen Parkplatz vor dem Einkaufzentrum - und dies am Ende der Saison! Trotzdem: Wollte sie wirklich auf so beengtem Raum leben? Zum Duschen bei jedem Wetter zu einem Waschhaus laufen? Vom Klo ganz zu schweigen? Kochen nur mit wenigen Zutaten ohne ihr Regal mit den 120 Gewürzen? Und wenn

es tagelang regnet…Andererseits konnte man dann ja weiterfahren. Es musste ja nicht gleich Norwegen sein, vielleicht erst mal ein bisschen durch Deutschland cruisen, probehalber sozusagen…

Beim Staubwischen ihrer Bücher hörte sie plötzlich in sich ganz deutlich den Satz:

„Wenn du nicht losfährst, weißt du nicht, ob dieses Reisen zu dir passt… du ER - FÄHRST es nie!“

Sie hielt inne.

Wow! Was für ein grandioser Satz, was für ein herrliches Wortspiel. Der Staubwedel flog in die Ecke, das Mobiltelefon war zur Hand, der Messenger schnell geöffnet:

„Gilt das Angebot mit dem Camper noch?“

Die Antwort kam sofort:

Das Emoji “Daumen hoch!”

Vogel und Holunderstrauch

Ein Vogel pickte und zupfte genüsslich an den reifen Beeren eines Holunderstrauchs.

„Wie hilflos bin ich deinem Raubzug ausgesetzt mit meinen festen Wurzeln. Und doch hab‘ ich ein bess‘res Los als du, ruhend unter Gleichen im immer gleichen Wald.
Du, geflügelter Bruder, bist allerlei Gefahren durch böse Winde und jagende Feinde ausgesetzt und bist oft fremd unter der Sonne.“

Der Vogel lachte: „Und wärest du doch ganz allein, würden nicht mich deine Kinder durchwandern und so ich den Wald erst erschaffen, der dich so friedvoll hier umgibt.“

Sprach‘s und flog von dannen – nicht ohne angelegentlich einen dunkelroten Klecks direkt vor dem Holunderstrauch zu hinterlassen.

Tägliches

Es ist das Schuhe anziehen, die Socken, die Hose, das Hemd.
Es ist das Zähneputzen, das Waschen, der Kamm.
Früher so einfach - jetzt meine volle Konzentration:
auf Schuhe, auf Socken, die Zähne, den Kamm.

Wenn ich dann in die Küche komm,
wo es nach Kaffee riecht und Brot,
sieht sie mich an und lächelt:
Gut siehst du aus!

IV

ÜBER DIE LIEBE

Er
schrieb und
schrieb und schrieb
und schrieb und schrieb
Punkt.

Sie
redete und
redete und redete
und redete und redete
Komma

Er
und Sie
liebten und liebten
und liebten und liebten
Ausrufezeichen!

Der Kuss

Ich sitze hier und warte auf deinem Mund.
Wann wirst du wagen, mich ihr zu geben?
Du redest und redest und redest...
Ich, sitzend, wartend, auf deinem Mund.
Ihre Lippen sind schon ganz nah,
Du noch immer „Bla bla bla“ …
Ich sitze, wart‘ nicht mehr auf ihren Mund.
Du wagst nicht, mich ihr zu geben.

Du

Du siehst
das Kleine im Großen
und die heimliche Komik im Pech.

Du hörst
das Leise im Lauten
und verborgene Angst in der Wut.

Riechst
Blumenduft an der Autobahn
und Zitronenhain beim Frühjahrsputz.

Schmeckst
Nelkengewürz im Sauerkraut
und Vanillearoma im Quark.

Du fühlst
das Feine im Groben
und Liebe unter Alltagshast.

Ein jeder Mensch lebt in seiner Welt.
Und ich durfte Teil
der Deinigen sein.

Rot

Nicht nur sein Flugzeug war mit über einer Stunde Verspätung gelandet, er hatte auch noch das Pech, dass er per himmlisch-boshaftem Zufallsgenerator von den Zollbeamten herausgewinkt und sein gesamtes Gepäck durchsucht wurde. So kam es, dass er mit fast zweistündiger Verspätung und einem im Flughafenshop hastig gekauften Milka-Schokoladenherz in ein Taxi stieg. Er trieb den Fahrer zu höchster Eile an, ihn in die Stadt ins Bankenviertel zu bringen, um dort vielleicht doch noch Desirée zu erreichen, bevor sie zu ihrem Vortrag nach München fuhr.

Sie hatten sich seit sechs Wochen nicht gesehen, da er in Hongkong eine Projektleitung übernommen hatte, und ärgerlicherweise überschnitt sich seine Heimkehr mit ihrem so wichtigen Vortrag in München. Er warf dem Taxifahrer einen 100€-Schein zu und eilte in die Bank zum Aufzug. Im neunten Stock angekommen, bog er hastig in den Flur zu ihrem Büro ein; so schnell, dass er das lila Schokoladenherz fallen ließ. Ärgerlich bückte er sich, dabei fiel ihm das Handy aus der Brusttasche.

Nun erst spürte er Blicke auf sich und sah in das Gesicht eines jungen Mannes, der ihn ebenso spöttisch wie unverhohlen angrinste. Er trug einen makellos sitzenden Anzug, das Haar war kurz und gescheitelt, die Hände steckten lässig in den Hosentaschen. Raul kam sich sehr derangiert vor mit seinem vom langen Flug zerknautschten Jackett, seinen durch zwei Wirbel immer leicht verstrubelt wirkenden Haaren und dem - plötzlich etwas albern wirkenden - Schokoladenherz.

Mit einem kurzen „Guten Morgen“ eilte er an ihm vorüber und begab sich zur vorletzten Tür auf dem Flur, zu Desirées Zimmer. Ohne anzuklopfen riss er die Tür auf und lief hinein.

Stille. Das Büro war verwaist. Sie war schon weg - er war zu spät gekommen. Enttäuscht sank er auf den Besuchersessel, um sofort wieder hochzufahren. In dem Sessel stand Desirées Aktentasche. Sie war noch da! Wie schön! Gleich musste sie hereinkommen. Da er die dann zwangsläufig kurze Zeit, die ihnen verblieb, nicht mit dem Überreichen von Schokoladenherzen vergeuden wollte, öffnete er die Tasche, um das Herz für sie als Überraschung bei ihrer Ankunft in München zu deponieren.

Er öffnete die teure Nappaleder... und erstarrte. Im Deckel hinter einem durchsichtigen Netz befand sich ein roter Briefumschlag.

Er glotzte das Kuvert an und spürte, wie er erbleichte. Von ihm war dieser Brief nicht. Erstens schrieb er ihr keine Briefe und zweitens empfand er rote Briefumschläge als Gipfel des Kitsches. Fehlte nur noch Lavendelduft.

Sie waren seit 12 Jahren zusammen. Ein Herz und eine Seele.
Äh - meinte er bis zu diesem Moment.
Sie waren glücklich - nein, wohl doch nicht.
In diesem Augenblick öffnete sich die Tür und ein älterer Herr in dunkelblauer Uniform kam herein. Er sah kurz auf die geöffnete Aktentasche und meinte freundlich:
„Ach Herr Schneider. Haben Sie Ihrer Frau noch schnell was Nettes eingepackt? Da wird sie sich aber freuen. Ich muss ihr die Tasche ins Auto bringen, sie selbst kommt direkt in die Tiefgarage. Wir sind schon spät dran."
Mit diesen Worten tippte er sich kurz an die Mütze und verschwand. Erst jetzt erkannte ihn Raul wieder, es war der Chauffeur der Bank, der Desirée schon des Öfteren zu Terminen von Zuhause abgeholt hatte.

Wie betäubt verließ er die Bank, begab sich in ihre Penthousewohnung, duschte und warf sich aufs Bett. Eigentlich war er hundemüde, der Jetlag forderte Tribut und er wollte nur noch schlafen. Zuerst gelang es ihm nicht. Immer wieder sah er das spöttische Gesicht es gepflegten Schönlings vor sich und je länger er darüber grübelte, desto sicherer war er, dass dieser just aus Desirées Büro gekommen war. Er hatte ihr einen glühenden Schmachtbrief in die Aktentasche gesteckt, er war... mein Gott, wie lächerlich kam er sich jetzt mit seinem lila Schokoladenherz vor.
Irgendwann war er doch eingeschlafen. So lange und so tief, dass es weit nach Mitternacht war, als er von einem Geräusch erwachte. Die Schlafzimmertür stand offen und er hörte, wie jemand die Kühlschranktür schloss. Schlaftrunken wankte er ins Wohnzimmer. Dort kam ihm Desirée entgegen. Strahlend, schön, wach und lachend.
„Da bist du ja endlich wieder, mein Liebling", rief sie und umarmte ihn herzlich.
Schlagartig war er wach und schob sie von sich.
Sie blickte ihn erstaunt an.

„Was ist?“, fragte sie irritiert.

„Wer hat dir den roten Brief geschrieben???“

Sie starrte ihn verständnislos an.

Natürlich hatte er die Aussprache anders vorgehabt. Ruhig, souverän, dabei schneidend und eiskalt. Ging aber nicht.

„Der rote Briefumschlag in deiner Aktentasche.“

Desirée bekam ganz große Augen. Briefumschlag? Welcher...

„Du meine Güte!“

Und dann begann sie - schallend zu lachen. Sie lachte, bis ihr die Tränen herabliefen.

Endlich fasste sie sich wieder und trat nochmals einen Schritt zurück.

„Raul, Liebling, bitte sieh mich an. Was siehst du?“

Und ohne seine Antwort abzuwarten, fuhr sie fort:

„Ein weißes Kostüm, ein roter Gürtel, ein rotes Seidentuch und rote High Heels. Wenn ich dann vorne am Beamer meine Karteikarten mit den Vortragsstichworten auspacke, passt das Kuvert perfekt. Ich habe auch ein grünes, ein blaues...“

Raul schoss kurz durch den Kopf, dass er Frauen wohl nie ganz verstehen würde, aber da hatte sie ihn schon in die Arme geschlossen. Ganz fest!

Rückkehr

Die Tresenrückwand ist verspiegelt und Irene betrachtet sich in den Zwischenräumen, die die Whiskyflaschen freilassen. Die fleckige Halbblindheit zeigt verschwommen das Gesicht einer fast Fünfzigjährigen, kurze blonde Haare, randlose Brille, dunkelroter Strickpullover, Zigarette, vor sich ein halb geleertes Pilsglas. Die Kneipe ist nicht direkt schmutzig, doch die abgewetzten Kunststoffbezüge der Barhocker, die durch Rauchpatina steif gewordenen Vorhänge, der abbröckelnde Lack der Fensterrahmen und der hereindringende Lärm von Autos, Bussen und Zügen verraten die Preise der Getränkekarte; erschwinglich auch für jene, die Essen schon lange gegen Alkohol eingetauscht haben.

Noch sitzt Irene allein am Tresen an diesem trüben Novembernachmittag, Zeit kurz und – wie immer an einem solchen Tag – sich darüber zu wundern, was sie unregelmäßig in dieses Ambiente, in diese Atmosphäre, in dieses andere Leben zieht.

Die Tür geht auf, Joko kommt herein, gestützt auf einen alten geschnitzten Stock, sieht sie und seine oft eingetrübten Augen leuchten auf.

„Welch Glanz in unserem Wohnzimmer!“, krächzt er, ein großes Papierküchentuch vor seinen seit einer Krebsoperation offenen Kehlkopf haltend und setzt sich neben sie.

Sie lächelt, erfreut, ihn zu sehen, zählt er doch zu jenen, die sie an einem solchen Tag zu treffen hofft.

Während er umständlich eine halben Liter Bier und einmal Weinbrand-Cola bestellt, betrachtet sie ihn. Die ihm geschenkten Kleider schlackern viel zu weit um seinen spindeldürren Körper, der vom jahrelangen verkrümmten Sitzen an diversen Tresen deutliche Buckel drückt sich durch das einst teure Glencheck-Sakko ab, sein Teint grau, fahl, seine Wangen eingefallen. Wohl mangels Geldes war er seit längerer Zeit nicht mehr beim Friseur gewesen und leise gerührt bemerkt sie, dass der mittlerweile fast Sechzigjährige nicht nur kein graues Haar, sondern vielmehr sogar noch die Locken hat, in die sie sich einst – vor über dreißig Jahren – verliebt hatte.

Joko sieht sie an. „Wie geht es dir?“

Und - wie immer – liebt Irene es, hier in dieser Höhle der Verlorenen diese Frage zu hören, die echt ist und voll ernsten Interesses, von dem Mann, der jetzt absolut konzentriert auf sie ist. Sie erzählt von ihrem Beruf als Lehrerin, von ihren Klassen, von ihren Ideen und Überlegungen, ihrem Enthusiasmus bei neuen Projekten – und von ihren Zweifeln, ihrer Resignation, ihrer Müdigkeit, den körperlichen und seelischen Schmerzen nach fünfundzwanzig Jahren in einem Beruf, der von der Gesellschaft verlacht wird.

Und Joko hört zu. Aufmerksam, konzentriert, kurze Zwischenfragen stellend, verständnisvoll und klug. Irenes Schultern entspannen sich, ihre Gesichtszüge werden weicher. Je nach Thema wird sie lebhaft, laut, drei Geschichten ineinander verflechtend oder langsam, leise, irgendwann achselzuckend verstummend.

Hat sie sich missverständlich ausgedrückt, fragt Joko nach. Freundlich. Ihr immer ganz zugewandt. Sie ist bei ihrem dritten Bier, bereits acht Zigaretten sind geraucht. Oder mehr. Es geht ihr gut.

Irgendwann kommt Hans aus Bayern dazu, noch immer groß, noch immer ein gepflegtes Äußeres, auch er seit einigen Jahren auf einen Stock gestützt. Er spricht langsam mit schwerer Zunge, seit seinem zweiten Schlaganfall auch, wenn er noch nüchtern ist. Als er Irene sieht, strahlt er, breitet weit den gesunden Arm aus und umarmt sie einen sehr langen Augenblick. Irene weiß, was er ihr damit sagt.

Als Peter eintrifft, ziehen sie an einen Tisch um. Peter ist wütend, sein Bürgergeld ist noch nicht überwiesen. Nach diversen Scheckbetrügereien und Diebstählen hat er ein Jahr abgesessen und ist auf Grund seiner Vergangenheit, seines Alters und seiner labilen Psyche in der Arbeitswelt nicht mehr vermittelbar. Irene bestellt Bier für ihn und lässt es auf ihren Deckel schreiben. Der Wirt feixt, macht eindeutige Bemerkungen, Irene zieht leicht die Oberlippe hoch. Der Wirt macht sofort einen Rückzieher. Solche Gäste wie sie ist er nicht gewöhnt.

Bürgergeld – das Stichwort für die erste politische Debatte. Peter, am linken Rand der CDU, Joko freischwebend zwischen dem Konservatismus des Älteren und toleranter Vernunft, Irene eher sozialliberal, der sich inzwischen dazugesellt habende Gerold, der seiner einstigen DKP nachtrauernde „Die Linke“-Usurpierte, und Hans, der keiner politischen Richtung zuzuordnen ist, sondern meistens ein intellektuelles Dagegen zelebriert - fünf Welten versammeln sich an dem klebrigen alten, von Generationen bekritzelten Kneipentisch. Die Wogen schlagen hoch, doch fällt kein einziger Satz auf Klischee-Stammtischniveau. Irene entsinnt sich des Ausspruchs eines Journalisten, der sich aus ihrer kleinen Universitätsstadt schon längst verabschiedet hat: “Es gibt wohl kaum eine andere Kneipe, in der so viele Jahre Gefängnis, so viele Euro Sozialhilfe und so viele halbfertig geschriebene Doktorarbeiten auf so engem Raum versammelt sind."

Das Gespräch wendet sich anderen Themen zu. Pinko hat es jetzt auch erwischt, war abzusehen, Leberzirrhose, ist trotzdem Scheiße. Sammy und Inga sammeln für eine anständige Beerdigung. Pinko hat es nicht verdient, von Medizinstudenten zerschnippelt zu werden. Hat keiner verdient, aber Pinko schon gar nicht. Sie schweigen. Die Gläser leeren sich jetzt schneller, mit einem kleinen Wink ihres Kopfes lässt Irene jede neue Bestellung bei sich anschreiben. Sie fühlt sich geborgen, genießt die tiefe Menschlichkeit, die alle ausstrahlen. Sie beteiligt sich nicht mehr am Gespräch, sondern betrachtet die Gescheiterten, die Trinkenden, die den Absprung aus den studentischen Zechgelagen hinüber in die Bürgerlichkeit versäumt haben, diejenigen, die ihre beginnende Sucht lange hinter dem Begriff „Geselligkeit" verbergen konnten, die, die vielleicht nie eine wirkliche Chance hatten, sie, die alle in ihrer in sich geschlossenen Parallelwelt leben.

Inzwischen ist Irene betrunken. Sie sieht auf die Uhr. Zwar hat sie morgen nur drei Stunden und muss auch erst um halb neun in der Schule sein, aber es wird höchste Zeit. Früher hat sie so einen Abend, so einen Ausflug ins Früher, locker weggesteckt, heute macht ihr das Schwierigkeiten.

Sie bestellt ein Taxi und wartet draußen auf der Straße.

In der Höhle der Verlorenen gibt es keine Überraschungen. Selbst den Tod einer der Ihren sehen sie lange voraus. Doch. Ihr Kommen heute – nach fast einem Jahr – war eine Überraschung.

Sie lächelt. Sie wird wiederkommen.

Die Suche

Eines wunderschönen Morgens im Frühling blickte ein Pfau gelangweilt in seinem weitläufigen Schlosspark umher. Er fühlte in sich eine undefinierbare Leere. In diesem Augenblick flogen zwei Ringeltauben über ihn hinweg.

Die eine gurrte: „Ich liebe diese klare Morgenluft, wenn der Tag noch frisch und…“

Mehr konnte er unten nicht hören, da sie weitergeflogen waren.

Dem Pfau ging ein Licht auf.

„Natürlich“, rief er laut, „jetzt weiß ich, was mir fehlt…, ich habe nichts, was ich liebe!“

Sofort machte er sich auf die Suche.

Als erstes traf er ein Eichhörnchen, welches eifrig im Boden unter einem Haselstrauch grub.

„Was liebst du?“, fragte er nach höflichen Begrüßungsfloskeln.

Gerade war der Eichkater fündig geworden, hielt mit seinen beiden Pfötchen eine Haselnuss in die Höhe und meinte:

„Ich liebe Haselnüsse. Sie nähren mich und schmecken wunderbar. Daher vergrabe ich sie im Herbst, damit ich mich auch im Frühling noch an ihnen erfreuen kann!“

Der Pfau bedankte sich und ging zügig davon. Trockene harte Nüsse… also wirklich…

Er traf eine Möwe, die sich auf dem Dach des Rosenpavillons sonnte.

„Was liebst du?“, fragte er auch sie.

„Ich fresse zwar alles, aber gerne stibitze ich Goldfische aus dem Zierteich im Rosengarten. Und am liebsten fliege ich über den großen See im Süden!“, schrie der weiße Vogel zu ihm hinab.

Der Pfau eilte weiter. Glitschige Fische…ih gitt! Und fliegen… kurze Strecken auf den nächsten Baum, wenn die Hunde mal wieder loswaren, also nur, wenn es unbedingt sein musste.

Als eine Maus an ihm vorbeihuschte, hielt er sie an:

„Was liebst du?“

„Oh,“, piepste sie, „da ist viel. Meinen Mann, meine vielen Kinder, meine Höhle, Weizen, Roggen, Haf…“,

Weiter kam sie nicht, der Pfau war schon einige Meter entfernt.

Fast wollte er aufgeben, da entdeckte er unter einem Magnolienbaum ein junges Pfauenmädchen. Gemessenen Schrittes näherte er sich ihr:

„Sag, was liebst du?“

Die hübsche Pfauenhenne neigte den Kopf leicht zur Seite:

„Ich liebe dich!“, lockte sie kokett.

Der Pfau blickte sie verblüfft an, dann rief er:

„Genau, das ist es! Auch ICH liebe MICH! Ich danke dir.“

Schlug ein Rad und stelzte würdevoll davon.

Trennung

Ich teile nicht.
Du wolltest, dass wir heiraten,
du willst nun, dass wir uns trennen.
Ist das meine Schuld?
Ich habe mir nichts vorzuwerfen.
Als du beschlossen hast, dich in mich zu verlieben,
war ich schon im Lions Club und habe schon Tennis gespielt.
Und ich befand mich bereits in den oberen Etagen,
da, wo man die Entscheidungen trifft.

Du hast das alles gewusst und mich trotzdem geheiratet.
Oder deshalb!
Denn - meine Liebe - an die Bequemlichkeiten einer reichen
Gattin hast du dich schnell gewöhnt.
Jetzt wirfst du mir vor, ich würde dich vernachlässigen.
Na und?
Warum sind dir Fitnessstudio, Golfunterricht, Yoga
und dein Kunstverein nicht mehr genug?
Was willst du?
Plötzlich bist du ernsthaft gekränkt, weil ich nicht bereit bin,
auf meine Rohstoffgeschäfte zu verzichten.
Und auch meine Autos verkaufe ich nicht.
Iss du dein Müsli, ich bevorzuge Lachs und Austern.
Und noch etwas - meine Liebe -
Lohndebatten führe ich mit der Gewerkschaft, nicht mit dir.

Seit einer Woche bist du fort.
Es ist so still im Haus,
du hast sogar den Hund mitgenommen.

Keine Milch mehr im Kühlschrank.

Drüben auf dem Esstisch liegt der Brief deines Anwalts.

Nein, ich teile nicht… oder...

V

SCHICKSALE

Bist
Schicksal du
oder purer Zufall?
Die Antwort darauf bleibt
ungewiss.

Das Deichschaf

Ein Deichschaf steht am Weidezaun,
ist stets von der Elbe getrennt;
kann ausschließlich hier nach Schiffen schau‘n,
es nur diesen Flussabschnitt kennt.

Ist stets von der Elbe getrennt -
weiß nichts von Mündung und Quelle;
da es nur einen Flussabschnitt kennt,
ist die ganze Welt diese Stelle.

Weiß nichts von Mündung und Quelle -
es gibt kein woher und wohin,
denn ist die Welt eine Stelle,
erschließt sich kein höherer Sinn.

Gibt es kein woher und wohin
und kann man nach Schiffen nur schau‘n,
erschließt sich kein höherer Sinn -
für Deichschafe am Weidezaun.

Witwen

Wir reden alle mit ihnen.
Wir - die Witwen.
Wir reden mit ihm,
und manchmal fühlt es sich an,
als sei er noch hier…
nur im Garten,
nur spazieren,
nur zur Kur in Bad Reichenhall.

Wir reden alle mit ihnen.
Wir - die Zurückgelassenen.
Wir reden mit ihm
und in uns klingt Antwort,
weil wir es wollen,
es brauchen,
es gewohnt sind.

Ich rede mit ihm.
Ich - verharrend im Diesseits.
Ich rede mit dir
und manchmal in einem
verzauberten Augenblick
weiß ich -
du bist da.

Herr Hütterli in Not

Morgen würden sie kommen und pfänden. Wegen eintausendfünfhundert Franken. Eigentlich ein lächerlicher Betrag.

Herr Hütterli stampfte innerlich zornig mit dem Fuß auf und verwünschte mal wieder den Zufall - er verbot sich grundsätzlich das Wort ‚Schicksal' - , der ihn hatte arbeitslos werden lassen, just nachdem er, zum ersten Mal, ein gebrauchtes Auto auf Kredit gekauft hatte. Wenn er dieses Auto wenigstens wieder hätte verkaufen können. Aber nein. In einem Anfall von - Schwäche? Sentimentalität? oder einfach Schreck? - hatte er den Wagen in den Graben gesetzt, als ihm ein Hase vor die Räder lief. Das Tier hüpfte wohl irgendwo fröhlich über die Felder, während er der größten Schmach seines bis dato untadeligen Lebens entgegensah.

Trübselig ging er durch Räthergasse und Sonnenstraße Richtung Stadtpark. Dort würde er wohl in Zukunft des Öfteren seine Zeit verbringen, er und die anderen Arbeitslosen, die er dort noch nie eines Blickes gewürdigt hatte. Er nahm auf der einzigen Bank Platz, die ihm einigermaßen sauber erschien, nicht ohne sein Taschentuch sorgfältig auszubreiten, bevor er sich setzte. Er starrte vor sich hin, dumpf, griesgrämig, ohne innere Gedankenwelt. Irgendwann bemerkte er, dass sein Blick auf einen kleinen schwarzen Fleck neben dem Gebüsch schräg vor ihm gerichtet war. Er fokussierte genauer. War das nicht ein...? Nein, das konnte nicht ... doch...

Herr Hütterli blieb noch einen Augenblick sitzen, nagte an seiner Unterlippe, stand dann entschlossen auf, ging ein paar Schritte, blieb, wie von ungefähr, stehen, band sich den rechten Schnürsenkel und schwupp - verschwand der Geldbeutel in seiner Manteltasche.

Erst zu Hause untersuchte er ihn. Er traute seinen Augen nicht. Genau 1500 Franken. Genau das Geld, das er brauchte. Nun aber der Haken: Der Geldbeutel enthielt Papiere, Name, Adresse, alles da.

Er entzifferte: Ibiza Jercovic, Zagreb. Ein Fremdarbeiter. Denen schien es ja ganz gut zu gehen.

„Ja, wenn sie ihr Geld einfach so herumliegen lassen ..."

Mit einem „Ha" stampfte er innerlich triumphierend mit dem Fuß auf und begab sich zur Bank. Der Restkredit wurde abgelöst, die Pfändung war abgewendet.

Die Talsohle im Leben des Frank Hütterli währte noch über drei Jahre, in denen er sich mit schlecht bezahlten Jobs leidlich über Wasser hielt. In dieser Zeit lernte er viele sogenannte Fremdarbeiter kennen. Sie waren ganz anders, als er sie sich vorgestellt hatte, und er vergaß nie den kleinen schwarzen Fleck auf seiner ansonsten sauberen Weste. Nach vier Jahren hatte er Glück und konnte in seinem alten Beruf wieder Fuß fassen. Als er nach langer Zeit wieder auf seiner Lieblingsbank im Stadtpark saß, reifte in ihm der Plan, diesem Ibiza Jerkovic das Geld zurückzuerstatten. Anonym natürlich.

Sofort begab er sich nach Hause, um seinen großherzigen Plan in die Tat umzusetzen. Doch wo war der Geldbeutel? Hütterli suchte und suchte, doch er blieb verschwunden. Zorniges inneres Fußaufstampfen! Schlamperei war in seinem Lebensplan nicht vorgesehen.

Die Jahre gingen ins Land und durch den Siegeszug des Internets gelang es sogar einem Frank Hütterli, die Frau seines Herzens zu finden. Nach zwei Jahren beschlossen sie, zusammenzuziehen. Als Hütterli beschwingt seine Kartons packte, rutschte, zwischen zwei vergessenen Hemden, der vermisste Geldbeutel hervor. Er führte innerlich einen kleinen Freudentanz auf, begab sich zum Bücherregal und zog sein uraltes Mathematikbuch, achte Klasse, heraus. Wie gut, dass er es aufgehoben hatte. Es dauerte eine Weile, bis er sich wieder in Zins- und Zinseszinsformeln eingearbeitet hatte, doch irgendwie schien es ihm, dies sei er dem Kroaten, der ihn vor vierzehn Jahren gerettet hatte, schuldig. Vierhunderteinunddreißig Franken und sechsundfünfzig Rappen. Kurz war er versucht, genau diese Summe zusätzlich zu den 1500 Franken in die Geldbörse zu stecken, rundete dann aber doch großzügig auf fünfhundert Franken auf.

Fest verklebte er das Päckchen und schrieb schwungvoll „Wertsendung" darauf. Beinahe hätte er - aus Gewohnheit - noch seine Adresse hinzugefügt. Er brachte das Geld zur Post und begab sich mit einem zufriedenen „Ja" - ganz ohne Fußaufstampfen - an seine noch zu packenden Kartons.

Seine Weste war wieder blütenweiß.

Teufelstinte

„Denn es steht geschrieben," dozierte der Bibliothekar Jonathan Wohlgemuth - „und das weiß jedes Kind - dass der große Martinus Luther dereinst vom Teufel heimgesucht ward, und der berühmte Übersetzer der Heiligen Schrift den Gehörnten vertrieb, indem er mit seinem Tintenfasse nach ihm warf.

Nicht geschrieben jedoch steht, was seither flüsternd - niemals laut - von Vater zu Sohn, von Mutter zu Tochter, von Kaufmann zu Kaufmann, ja sogar von Dechant zu Pastor und von Äbtissin zu Nonne weitergegeben wird. Und du, mein Sohn Zacharias, der du nach meinem Tode diese Bibliothek leiten wirst zu Nutz und Frommen all jener, die das gelehrte Studium und die Bücher lieben, du sollst nun von mir erfahren, was allabendlich deine vornehmste Aufgabe sein wird."

Und flüsternd fuhr er fort:

„Der Teufel hat die Demütigung, dass er sich von Luther mittels eines schnöden Tintenfasses hatte ins Bockshorn jagen lassen, nie verwunden. Dekaden sann er, wie er dafür gebührliche Rache nehmen könne. In seinen Gedanken spielte auch immer das Tintenfass eine Rolle - jene teure Flüssigkeit, die insbesondere von Schreibern und Gelehrten verwendet wird. Und irgendwann reifte in ihm ein - natürlich teuflischer - Plan.

Er weiß, dass Gier die Welt regiert und es überall arme Schlucker gibt, die für einige Taler bereit sind, Verbotenes zu tun. Bevorzugt rekrutiert er seine ahnungslosen Helfer aus dem Milieu der Laufburschen, denn diese haben, über die Dienstboteneingänge, oft Zugang zu den Häusern, in welchen Tinte in regem Gebrauch ist. Wenn es ihnen nun gelingt, ein Fenster einen winzigen Spalt offen zu lassen, steigen sie des Nachts ein und stellen das Tintenfass vom Schreibpult auf den Fenstersims. Sie selbst springen daneben hinaus und verschwinden im Dunkel der Nacht. Der Teufel aber kommt kurz darauf zu dem Haus - welches ihm entweder durch Hausaltar oder aber Weihwasserkessel an der Eingangstür verschlossen ist - und greift sich das wertvolle Pfand. Mit dieser Tinte nun fälscht er die Schicksale, die im Buche des Lebens verzeichnet sind, sodass der Niedergang der entsprechenden Besitzer der Tinte besiegelt ist. Ob nun Kindbettfieber, die Seitenkrankheit, Feuersbrunst, Cholera oder gar die Pestilenz - dem teuflischen Schicksal ist nicht zu entrinnen."

Der Sohn starrte seinen Vater angstvoll an. Doch der lächelte und führte ihn nach hinten über den Hof in den Holzverschlag.

„Siehst du dort, fast verborgen unter dem Feuerholz für den Winter, die kleine Truhe? Dort schließe jeden Abend das Tintenfass ein - dann haben wir es über Nacht nicht im Haus, und kein böses Schicksal kann uns je ereilen."

Zacharias tut nun schon seit drei Jahrzehnten jeden Abend, wie ihm einst vom Vater geheißen und versäumt nie seine Pflicht. Seine Tochter Agathe entwickelt sich wahrhaft erfreulich und er weiß, auch ihr wird er eines Tages die kleine Holztruhe zeigen.

Stiller Sieg

Das Grau seufzte. Es sah das Blau am Horizont auftauchen und wusste, dass ihm wieder mal eine unliebsame halbe Stunde bevorstand.

„Na, Grau?“, das Blau kräuselte spöttisch die Lippen.

„Wieder auf der Suche nach einer Maus, damit du wenigstens in einem Sprichwort vorkommen kannst?“

„Ach nein, hehres Blau, ich lass den kleinen Nagern gerne ihre braunen Schattierungen.“

„Es ist mir ein Rätsel, wie du zufrieden sein kannst - unscheinbar, unauffällig, meist ungeliebt. Wenn ich alleine an die unendlichen Klagen über graue Haare denke...“

„Oh, dann hörst du einer kleinen Gruppe werbemanipulierter Damen zu und hast kein Auge für die äußerst attraktiven Schläfen älterer Herren, die oft als ausgesprochen sexy empfunden werden.“

Ein Punkt für mich, dachte das Grau, wusste aber, dass der Gegenschlag umgehend erfolgen würde. Das Blau plusterte sich auf und dröhnte:

„An welch kleinen erbärmlichen Härchen hältst du dich fest. Ich hingegen: Sieh mich an. Ich färbe das gewaltige Meer, ganz zu schweigen von dem prachtvollen Himmelszelt, das sich darüber spannt. Die wertvollsten Gewänder sind mit meinem Indigo veredelt, und warum hieße mein herrlich warmes dunkles Blau sonst wohl „königsblau“? Und in wie vielen Fahnen flattere ich stolz im Wind!“

Das Grau schwieg. Natürlich hätte es erwidern können, wie schnell es das prachtvolle Himmelszelt durch einige graue Wolken verschwinden lassen konnte und dann war es auch mit dem Blau des Meeres nicht mehr weit her. Aber hätte es einen Sinn?

Plötzlich lächelte die geschmähte Farbe und sah zum Horizont:

„Sonnenuntergang. Es tut mir leid, du schönes Königs-Hell-und-Dunkelblau, aber deine Zeit ist um.“

Und das Grau breitete die Arme aus und überzog alles mit seinem wunderbaren Dämmerlicht.

Die Magd

Weißt du eigentlich,
du dürres schmallippiges Lärvchen ohne Hintern und Busen,
was für ein herrliches Weib ich war?
Wie mein schwarzes langes Haar geglänzt hat in der Sonne
und mir lang über den Rücken gefallen ist?
So mancher Herr und viele Knechte haben mir heimlich
auf meinen runden Arsch geklatscht und wurden geil,
wenn sie meine Brüste schwingen sahen
und küssten meinen roten Mund –
oh ja, auch dein Vater,
bevor ihm deine Mutter vom Nachbarschloss
ins Bett geschachert wurde.
Du, blasierte kleine Prinzessin, Augapfel deines Vaters,
verachtest mich nicht nur,
du darfst mich sogar treten und schinden
und ein Wort von dir genügt,
mich nochmals und nochmals in den Stall zu schicken,
auch wenn ich hundemüde bin
und deinem hässlichen Pony schon dreimal
das Stroh gewechselt habe.
Bleib‘ still wenigstens jetzt,
lass deine gottverdammte Glocke unbenützt;
vergiss sie zwischen all deinen Püderchen und Pinselchen
und deinen Düften und Spangen.

Gönn‘ mir jetzt die Zeit am Brunnen,
um mich zu waschen
und meinen schwieligen Füßen
einen kleinen Augenblick auszuruhen.

Wie war das am Sonntag in der Kirche?
Was hat der Pfarrer da gesagt von Jesus,
der den Jüngern die Füße mit Öl eingerieben hat?
Meine Füße reibt keiner ein,
da ist kein Jesus
und auch sonst ist keiner da,
der mir was Gutes tut.

Ich glaube, die Schweine haben so manches Mal
ein besseres Fressen im Trog als ich
in meinem Napf am Abend in der Küche.

Die Klingel –
nein, ich höre dich jetzt nicht.

Ich bin gerade nackt
und will es noch ein kurzes Weilchen bleiben.

Inspiriert von
Käthe Kollwitz Weiblicher Rückenakt 1910/12

VI

VERGÄNGLICHKEIT

In
den Toten
des scheidenden Jahres
erkenne ich melancholisch mein
Alter.

Larifari

Ich schenke mir ein Bilderbuch
mit lauter weißen Seiten.
Ich hüll‘ dich in ein buntes Tuch -
du wirst mich jetzt begleiten.

Und wenn ein Tag vergangen ist,
voll Arbeit und Vernunft,
dann tanz‘ ich mit dir Gummitwist,
gehör‘ zur Zirkuszunft.

In dich kleb‘ ich mein Leben ein
voll Lachen und Jonglieren,
denn ich find‘ Larifari fein -
will mich darin verlieren.

Und wenn ich mal gestorben bin,
dann wird dich niemand finden,
denn du bist nur im Herzen drin
und wirst mit mir verschwinden.

Streuobstwiese

Am Hang die kleine Streuobstwiese
Äpfel fallen, Äpfel rollen.

Wind streicht durch die alten Äste
Äpfel fallen, Äpfel rollen.

Regen rinnt, spült Erde weg
Äpfel fallen, Äpfel rollen.

Die Sonne gleißt, es dörrt das Gras
Äpfel fallen, Äpfel rollen.

Die Made frisst, es bohrt der Wurm
Äpfel fallen, Äpfel rollen.

Der Herbst färbt alles rot, gelb, braun
Äpfel fallen, Äpfel rollen.

Der Winter eist das ganze Land
Der letzte Apfel fällt.

Die Vorlesung

„Die Zeit ist gekommen, um nachzudenken, über die Blumen, deren natürliche Lumen untergehen in täglich nächtlichen Bombardierungen künstlicher Helligkeit, gespeist von unserer LED-trunkenen Sucht nach faktengeschwängerter Durchschaubarkeit".

Mit diesen Worten eröffnete Professor Biberpelz einen seiner gefürchteten Vorträge, die sich durch ebenso große Sachkenntnis wie Unverständlichkeit auszeichneten.

„Meint er das Volumen der Blumen?", flüsterte Merle, die ob ihrer Schwerhörigkeit mal wieder einen nicht unwesentlichen Teil der Einführung nicht mitbekommen hatte. Strafende Blicke ihrer Sitznachbarn ließen sie verstummen, doch zu ihrem Glück schob ihr ein gutmütiger junger Mithörer einen Zettel zu, auf welchem stand: LUMEN = Einheit für Lichtstrom.

Dies half ihr nur bedingt weiter, aber da sie bereits erkannt hatte, dass sie dem Nuscheln des berühmten Professors sowieso nicht würde folgen können, stellte sie ihre eigenen Betrachtungen an. Ihre Gedanken wanderten zu ihren geliebten Sommerblumen auf den Feldern früherer Zeit, als das sattgelbe Getreide durchsetzt war von dunkelrotem Klatschmohn und tiefblauen Kornblumen. An heißen Julitagen, kurz vor der Ernte, in der flirrenden Luft des hohen Mittags schien leichter Staub wie Patina über dem Land zu liegen. Die Gegend ihrer Erinnerung war flach, sodass man beobachten konnte, wie die Sonne sich am Abend langsam dem Horizont näherte. Wenn sie Zeit hatte, lehnte sie sich gegen die alte Eiche, die sie von Kindheit an kannte, und wartete. Und kurz bevor die Sonne sich anschickte, mit ihrem letzten schmalen Rand unter den Horizont zu verschwinden, geschah das Wunder: Wie weggewischt war der feine Grauschleier und alle Farben, besonders aber Getreide, Mohn und Kornblume leuchteten auf in tiefer kraftvoller Schönheit, ein atemberaubender Augenblick zeitloser Magie.

Während sie darüber nachsann, ob dieses wunderschöne Licht wohl mit dem Lumen der Blumen gemeint war, hörte sie applaudierendes Klopfen der Studierenden um sich herum.

Es war nicht schlimm, dass der Vortrag vollständig an ihr vorübergegangen war; als Seniorengasthörerin war es gleichgültig, ob sie die Ausführungen des berühmten Professors verstanden hatte oder nicht:

Er hatte ihr einen wunderbaren Ausflug in ihre Jugendzeit geschenkt und so schloss sie sich dankbar dem begeisterten Applaus der Anderen an.

Weih-Nacht

Pastor Markus Glodewig stand am Fenster seines Büros. Und tatsächlich ... der alte Knut Richter hatte noch ein paar verspätete braune Blätter am Straßenrand gesichtet und kehrte diese nun sorgfältig in einen Eimer, um sie hinten beim Kompost für etwaige Igel im Winterschlaf aufzuschütten.

Sie waren Nachbarn seit Glodewig vor gut fünf Jahren die kleine katholische Kirchengemeinde im überwiegend evangelisch geprägten Norden übernommen hatte und in das reetgedeckte bescheidene Pfarrhaus gezogen war. Sie pflegten ein etwas seltsames Verhältnis, welches ausschließlich auf Gesprächen über den gemeinsamen Zaun hinweg fußte, der ihrer beider Anwesen trennte. Sie bestanden zu einem Gutteil aus langwierigen und komplizierten Disputen, da Richter selten eine Gelegenheit verstreichen ließ, den Pastor ob seines Berufes zu verspotten und kein gutes Haar an allem zu lassen, was mit Kirche zusammenhing. Dabei erwies er sich als erstaunlich bibelfest, sodass Glodewig sich des Öfteren fragte, was es mit der aggressiven Ablehnung alles Kirchlichen wohl auf sich habe. Doch darüber sprach Richter nie. Auch hatte er gleich zu Beginn Einladungen in die Kirche oder privat ins Pfarrhaus auf ein Glas Wein entschieden abgelehnt, murmelnd, es würde sich jemand im Grabe herumdrehen, wenn er... leider blieb alles weitere unverständlich und Glodewig achtete sein Schweigen.

Knut Richter lebte allein in seinem alten Klinkerhäuschen. Dies war wohl schon sehr lange so, denn auch die Nachbarin von gegenüber, Frau Seifert, die selbst seit fünfundzwanzig Jahren dort wohnte, kannte ihn nicht anders. Er bekam nie Besuch und verbrachte auch Weihnachten stets allein.

Nun – zwei Tage vor Heiligabend - begab sich der Pastor zu ihm hinab und lehnte sich gegen einen Zaunpfahl.

„Hallo Nachbar!“, grüßte er ihn freundlich und zündete sich eine Pfeife an.

„Nanu, Hochwürden... soviel Zeit so kurz vor Ihrem hohen Fest?“ Die Anrede „Hochwürden“ verwendete der Alte nur gut gelaunt, leut- und redselig, was bei ihm wahrlich nicht immer der Fall war.

Markus lachte und ging mit Vergnügen auf die altmodischen Redewendungen ein.

„Zeit, die ich gut zu nützen hoffe. Bei einer ökumenischen Hochzeit kamen die evangelische Pastorin und ich überein, am Weihnachtsabend ein kleines Fest bei der Tafel mitzuorganisieren. Es werden ja immer mehr Bedürftige, die sich keinen Weihnachtsbraten, geschweige denn Geschenke leisten können. Ich habe die Päckchen für die Kinder übernommen und sammle nun Spenden dafür. Ob ich wohl mit einem kleinen Beitrag von Ihnen rechnen kann?"

Knut Richter brummte etwas unwillig: „Mir schenkt auch keiner was. Und überhaupt: Was soll eigentlich diese ganze Schenkerei, bloß weil vor gut zweitausend Jahren jemand geboren wurde, der dann den in der Römerzeit durchaus nicht seltenen Foltertod am Kreuz gestorben ist?" Herausfordernd sah er Glodewig an. Dieser seufzte. Es war wieder soweit.

Und wie jedes Jahr um diese Zeit ging es um die Jungfrauengeburt („Dschingis Khan soll auch von einer Jungfrau geboren worden sein... eine schöne Verwandtschaft...") um den Stern (entweder eine komplexe Konstellation von Sonne, Jupiter, Venus und Mond im Sternbild Widder oder aber der Halley'sche Komet), sowie um die spätkapitalistische Verkommenheit des Kommerzes, der Nikolaus und Spekulatius bereits Anfang September in die Auslagen der Supermärkte stellt, bis hin zu den teilweise irrwitzigen Wunschzetteln verwöhnter Kinder, die alle monetären Rahmen sprengen.

Dies war der Moment, in dem Markus Glodewig auf sein eigentliches Anliegen zurückkommen konnte. Es ginge ja nur um ein kleines Geschenk für jedes Kind...

„Sie wissen doch gar nicht, was sich diese Kinder wünschen."

„Och, es gibt ein paar Sachen, darüber freut sich jedes Kind. Worüber würden denn Sie sich freuen? Was wünschen Sie sich?"

Nicht, dass er ernsthaft eine Antwort erwartete. Doch der Alte sah an ihm vorbei in die Ferne: „Ich wünsche mir eine Antwort, ein Zeichen, ob unsere Dispute und Auseinandersetzungen nur Zeitvertreib sind, eine intellektuelle Spielerei, meinetwegen auch das berühmte ‚Opium fürs Volk', wie Karl Marx meinte, oder ob es da wirklich etwas gibt, Gott oder was auch immer..."

Einen Augenblick schwiegen beide, dann wandte sich Richter brüsk der Haustür zu.

Bevor er hinein verschwinden konnte, besann sich der ob dieser unerwarteten Offenheit verblüffte Pastor auf sein ursprüngliches Anliegen.

"Und nicht doch eine kleine Spende...?"

Knut Richter holte aus seiner Hosentasche einen alten speckigen Geldbeutel. Er fischte zuerst einen Zehneuroschein heraus, zögerte, steckte ihn wieder ein und griff – zu Glodewigs Erstaunen – zu einem Fünfziger.

„Danke Meister!“ und beflügelt sowohl von dem hohen Betrag als auch von dem vorherigen fast intimen Moment meinte er: “Wollen Sie an Heiligabend nicht vielleicht doch ...?“

Richters Augen ließen ihn schnell verstummen. Diesen Blick, diese unnachahmliche Mischung aus ‚strafend‘ und ‚vorwurfsvoll‘, kannte er. Mit dem Schein winkend, ihm einen Abschiedsgruß zurufend, verschwand er rasch in seinem Büro, um erfreut das Geld zu zählen, das er in den letzten Wochen für Kindergeschenke eingesammelt hatte.

****

Kurz nach zehn Uhr abends machte sich Markus Glodewig auf den Heimweg. Allein ging er durch die stillen Straßen. Hinter vielen Fenstern sah er Weihnachtsbäume, Schatten durch geschlossene Vorhänge, die auf Besuch der Familie hindeuteten, spielende Kinder, die in dieser Nacht länger aufbleiben durften. Mehrere Wohnungen waren dunkel. Diese Leute waren vielleicht zu Verwandten gereist oder nach üppigem Essen schon im Bett oder über die Weihnachtsferien in wärmere Gefilde geflogen. Der Pastor war zufrieden. Viele waren zur Weihnachtsfeier in die bescheidenen, aber liebevoll geschmückten Räume der Tafel gekommen, es war gegessen, gelacht, gesungen und gefeiert worden und auch die Geschenke, die er für die Kinder verschiedenen Alters besorgt hatte, waren gut angekommen. Wenn jemand ein wenig traurig werden wollte, sich gar anschickte, Tränen in die Augen zu bekommen, war sofort Else zur Stelle, die gute Seele der Tafel. Energisch schenkte sie den Trübseligen einen Schluck ihres Selbstgebrannten ein und erklärte: “Nu trink‘ mal een Schluck und sing mit die Annern. Gewient wörd moin wedder!“ Beim ersten Mal schluckte Markus etwas befremdet, merkte jedoch schnell, dass die Methode wirkte, sich die Mienen der so Beschiedenen aufhellten und sie in die angesungenen Weihnachtslieder einstimmten.

Markus sah hoch zum sternklaren Himmel. Es war kalt, doch der eisige Nordwestwind der vergangenen Tage legte eine Pause ein.

„Wind-stihille Nacht...“ dachte er ein wenig schmunzelnd.

Bei sich zu Hause angekommen, blieb er an der Gartentür stehen. Die Jalousien bei Knut Richter waren herabgelassen, durch die Rillen schimmerte das warme Licht einer Stehlampe. Der alte Mann hörte noch Musik. Glodewig erkannte die Flötenkonzerte von Joseph Haydn. Er nickte still. Wäre es Beethovens Fünfte gewesen, die eher auf eine aufgewühlte Seele oder gar innere Wut hindeutete, hätte er vielleicht doch geklingelt. So aber wollte er die Harmonie, die bis zu ihm an seine Gartentür zu schweben schien, nicht stören. Er zog sich also in seine Stube zurück und ließ den Abend mit einem guten Glas Rotwein ausklingen.

****

Als Glodewig am nächsten Morgen das Haus verließ, um sich in die Kirche zur Vorbereitung der Messe zu begeben, waren die Jalousien seines Nachbarn noch immer geschlossen. Er wunderte sich ein wenig, war Richter doch ein passionierter Frühaufsteher. Nun – vielleicht war es über Haydn doch ein wenig später geworden...

Als er nach der Messe – es war fast Mittag – wieder kam, fand er das kleine Haus unverändert vor. Nun war er sicher: Hier stimmte etwas nicht. In diesem Augenblick kam Frau Seifert von gegenüber zu ihm.

"Herr Pastor", rief sie, „finden Sie das auch so merkwürdig? So lange schläft Knut doch nie. Äh – frohe Weihnachten..." fügte sie automatisch hinzu, ohne sich der Absurdität des Wunsches in diesem Augenblick bewusst zu sein.

„Äh – ja – Ihnen auch." Glodewig war schon auf dem Weg zu einem großen Pflanztopf, der auf Richters Terrasse stand. Er wusste, dass der Alte dort seinen Zweitschlüssel verwahrte, seit ihm während eines besonders heftigen Disputs über Jesu Nacht im Garten Gethsemane die Tür vom Wind zugeworfen worden war. Der Pastor schloss die Haustür auf. Ein leicht abgestandener Geruch strömte ihm entgegen, was ihn verwunderte, da er über die Jahre hinweg gesehen hatte, dass regelmäßig gut gelüftet wurde. Er und Frau Seifert gingen durch den Flur, betraten die Stube.

In seinem Fernsehsessel lag Knut Richter. In eine Wolldecke gewickelt, ein halbes Glas Weißwein neben sich, den Kopf leicht zur Seite geneigt schien es fast, als ob er schliefe. Dennoch wussten der Pastor und die alte Frau Seifert sofort, dass er in dieser Nacht gestorben war.

„Mein Gott, der arme Mann. Und ausgerechnet in der Weihnachtsnacht musste er sterben. Und ganz allein!“ Frau Seiferts Stimme zitterte, sie rang die Hände.

Markus Glodewig betrachtete Knut Richters Gesicht. So friedlich, fast lächelnd, hatte er ihn noch nie gesehen.

„Vielleicht hat er heute Nacht ein großes Weihnachtsgeschenk bekommen. Ein Geschenk, dass er – glaube ich – sehr ersehnt hat.“, sagte er leise und bekreuzigte sich.

Schöpfung und Apokalypse

Nachdem Gott einen wunderschönen Weidenkorb geflochten hatte, zeigte er der Biene, wie sie akkurate sechseckige Waben bauen und Honig sammeln konnte und lehrte sie entsprechende Tänze, um ihren Kolleginnen reiche Nektaroasen anzuzeigen. Als er sie auf die Erde entlassen wollte, bemerkte er, dass sie traurig war.

„Was ist mit dir?“, fragte er.

Die Biene zögerte. Wer war sie, dass sie es wagte, mit Gottes Schöpfung unzufrieden zu sein? Dann fasste sie sich jedoch ein Herz und meinte:

„Mir scheint, du hast vielen Tieren ihre Aufgaben zugewiesen. Nur ich tändle von Blüte zu Blüte und beschäftige mich ausschließlich damit, Nahrung für unsere Nachkommen anzuschleppen und entsprechende Lagerstätten zu bauen...“

Gott strich ihr sanft über das seidige braune Fell.

„Ach, kleine Biene! Da hast du wohl nicht genau zugehört. An dir - und den anderen Insekten - hängt das ganze Leben dort. Du bist es, die die Pollen von einer Blüte zur nächsten trägt und so dafür sorgt, dass alle - vom kleinsten Gänseblümchen bis zum gewaltigen Mammutbaum - wachsen, gedeihen und sich wiederum fortpflanzen können. Ohne dich gibt es keine Pflanzenwelt, damit kein Essen für die Pflanzenfresser, die wiederum als Futter für die Fleischfresser dienen. Erkennst du nun deine lebenswichtige Aufgabe?“

Ehrfürchtig sah die kleine Biene hinab auf den blauen Planeten. Sie sollte auserwählt sein, als Scharnier zwischen Pflanzen- und Tierwelt zu dienen. Welch eine Ehre. Sie strahlte Gott an.

Der jedoch blieb ernst.

„Aber alles hat seinen Preis!“, fuhr er fort. „Die Spezies Mensch wird irgendwann auf der Welt erscheinen. Sie werden dich domestizieren, dir deinen Honig wegnehmen und dafür Zuckerwasser geben. Dann werden sie irgendwann so gierig werden, dass ihnen die Pflanzen, die du bestäubst, nicht mehr genügen. Sie werden Mittel und Wege finden, ihre Erträge zu steigern. Leider werden du und die anderen Insekten diese Mittel nicht vertragen und so werdet ihr aussterben.“

Der kleinen Biene sträubte sich das Haar.

„Was sie nicht bedenken, ist, dass sie damit ihr eigenes Grab schaufeln, denn sie werden verhungern, wenn die Nahrungskette unterbrochen und in Folge dessen der Planet bald ohne nachwachsendes Leben sein wird."

„Kannst du die Spezies Mensch nicht einfach weglassen?", fragte sie hoffnungsvoll.

Gott blickte nachdenklich hinab. „Nein", meinte er, „die Schöpfung nimmt jetzt in der Evolution ihren Lauf. Nur der Mensch selbst wird der Apokalypse Einhalt gebieten können. Hoffen wir, dass dann noch irgendwo ein solch bewohnter Weidenkorb steht, um der Erde eine weitere Chance zu geben."

Die Biene schwieg. Dann nickte sie, begab sich in ihre Behausung und nahm ihr Schicksal an.

Vor der Drehtür

Jetzt stehe ich wieder hier
vor der Eingangstür zum Krankenhaus –
gerade weit genug entfernt,
um noch eine Zigarette zu rauchen.
Heute werde ich hineingehen, ganz bestimmt.
Ich weiß nicht, ob du noch ansprechbar bist.
Aber ich weiß,
dass du so ziemlich an allen Schläuchen hängst,
die in der Medizin entwickelt worden sind.
Manchmal mögen sie - vielleicht! -
der Heilung dienen, zugestanden.
Jetzt dienen sie nur dazu, dein Leben,
das keine Qualität mehr hat,
ein bisschen zu verlängern.
Und ja, natürlich, sie füllen die Krankenhauskasse
und verbessern die Statistik.
Heute gehe ich ins oberste Stockwerk,
dorthin, wo du liegst,
in den Raum, den du nicht mehr verlassen wirst.
Heute fahre ich ganz bestimmt hinauf,
heute dreh ich nicht wieder um –
genau hier an dieser Stelle,
an der ich immer beschließe,
erst noch eine Zigarette zu rauchen,
bevor ich den Lift nach oben nehme.
Um dann immer - die ganze letzte Woche –
durch die Drehtür hinein
und sofort wieder hinauszugehen.

Ohne bei dir gewesen zu sein.

Dabei bin ich es unserer Freundschaft schuldig,
dir schuldig.
Unseren Gesprächen über Gott und die Welt –
im wörtlichen Sinn!
Und der Tatsache, dass du immer da bist.
Dass dein Anrufbeantworter nur eingeschaltet ist,

wenn du tatsächlich verhindert bist
und mich immer sofort zurückrufst,
wenn du meiner Stimme anhörst, dass ich dich
mal wieder brauche.
Und ich brauche dich oft.
„Meine kleine ‚Nennschwester'"
hast du mich mal getauft.
Du gehörst zu jenen, bei denen man sich wünscht,
vor ihnen zu sterben,
um sie nach ihrem Tod
nicht vermissen zu müssen.
Verdammt,
du kannst doch jetzt nicht einfach gehen.

Doch. Du kannst. Du wirst.

Da kommen Leute aus der Drehtür:
eine Frau, vielleicht zwei Söhne –
alle in dunkler Kleidung und mit verweinten Augen.
Mein Gott, bei ihnen ist es zu spät.

Heute fahre ich zu dir hoch.
Jetzt sofort.

VII

ZEIT

Welch
eine Stille
nach dem Gewitter
bevor die Welt sich
weiterdreht

Die Lüsterklemme

Im Keller verstaubt eine Lüsterklemme
und träumt von früheren Tagen;
denn im Ballsaal „Zur fetten Henne“
durfte sie einst den Lüster mit tragen.

Sie träumt von den lustvollen Tagen,
als der schöne Jens das Mariechen gefreit.
Darüber hat sie den Lüster getragen
wie auch beim großen Schützenfeststreit.

Als der schöne Jens das Mariechen gefreit,
war der Lüster noch glitzernd dabei;
doch beim großen Schützenfeststreit
brach der Kronleuchter klirrend entzwei.

Schon lang ist sie nicht mehr dabei
im Ballsaal zur „Fetten Henne“ -
denn bricht ein Lüster erstmal entzwei,
verstaubt auch die Lüsterklemme.

Endlichkeit

Wie eine riesengroße zärtliche Hand
streicht leise der Wind
über den Beton der Straßen,
pfeift verhalten durch Häuserschluchten,
fängt leise raunend sich in Hinterhofecken,
dreht kleine Wirbel auf dem leeren
in Sonntagsstille verharrenden Parkplatz;
sucht Trost zu spenden
dem letzten verbliebenen bisschen Grün
in Betonblumenkästen.

Hart ist das graue Markenzeichen von uns Menschen,
wird rissig erst nach fünfzig Jahren,
noch einmal so lange dauert sein Verfall.
Doch freudig füllen wir
die Vielfalt unsrer betonierten Formen
mit allem, was das Herz begehrt,
nicht achtend der stummen Schreie,
die die Luft erfüllen,
Schreie der erstickenden,
anscheinend sterbenden Natur.

Zwar scheint es ein sehr langer Schlaf zu sein,
in den der Mensch das Leben zwingt,
doch ist er nur ein Wimpernschlag
im Rad der Zeit.
Der Mensch wird gehen, wohin auch immer,
den Weg, den schon so viele
vor ihm gegangen sind.

Und es wird sein die große Kraft des Löwenzahns,
die den Beton durchbricht
und bahnt den Weg
dem wieder erwachenden Leben.
Die ersten Blüten werden gelb sein,
gelb wie die Sonne,
die weiterhin gleichgültig am Himmel steht.

Zwei Hüte

Vor einem Jahr hatte ich beruflich in Ascona zu tun und da mein Kunde und ich viel schneller als geplant zu einem guten Abschluss gekommen waren, beschloss ich – vor meinem Heimflug - noch einen Bummel ans Ufer des Lago Maggiore zu machen. Dort nahm ich in einem kleinen Straßencafé Platz.

Ich sah mich um und verblüfft blieb mein Blick an einem merkwürdigen Paar zwei Tische weiter hängen:

Die Frau trug zu einem fast kindlich anmutenden rosa Kleid einen glänzend schwarzen Zylinder, während den Mann – unterhalb des Kopfes in der klassischen Urlaubsuniform Bermudas, geblümtes Hawaiihemd, weiße Tennissocken – ein riesiger, weißer Panamahut schmückte.

Augenblicklich war ich so fasziniert von den beiden gegensätzlichen Geschöpfen, dass ich mein ursprüngliches Vorhaben, nur ein kleines Getränk zu mir zu nehmen, änderte, und, nach einem kurzen Blick in die Speisekarte, einen Vorspeisenteller mit Meeresfrüchten und ein großes Wasser bestellte, um auf diese Weise genügend Zeit und Vorwand zu haben, die beiden unauffällig zu beobachten.

Waren sie ein Paar? Vielleicht gar ein Ehepaar?

Nein, beschloss ich spontan, beide machten einen entschieden unverheirateten Eindruck. Auch fehlte in ihrem Gespräch dieser gewisse Rhythmus zwischen Rede und Schweigen, der nur in langer Vertrautheit entstehen kann. Ein paar Fetzen ihres Dialogs wehten zu mir herüber, es war deutsch. Zwei Touristen, eindeutig.

Doch wie kamen sie zusammen an diesen Tisch? Was verband sie?

Die Gesten des Mannes waren weit und ausladend, während die Frau nur ab und zu ein hohes Kichern hören ließ und dabei ihre Hand verschämt vor den Mund schlug. Sie nahm einen Schluck aus ihrer winzigen Espressotasse, wobei sie ihren kleinen Finger geziert abspreizte. Diese Pause nützte der Mann, nahm einen kräftigen Schluck aus seinem Whisky-Cola-Glas, um anschließend beim Kellner zwei neue Eiswürfel zu ordern.

Nun schwiegen sie. Doch war es ein verlegenes Schweigen, ein Suchen nach einem Thema, offensichtlich getragen von dem Wunsch, das Gespräch fortzusetzen, den anderen nicht gehen zu lassen.

In diesem Augenblick wurde ich abgelenkt, da der Kellner den Vorspeisenteller servierte. Als ich wieder hinüberblickte, gestikulierten beide lebhaft, ihre Augen leuchteten, sie rückte ihren Zylinder keck ein wenig schräg, während er fast zärtlich über den Rand seines Panamahutes strich.

Und da dämmerte es mir.

Zwei Menschen erfüllten sich hier – weit weg von Zuhause, in der Anonymität eines fremden Landes, in der schwebenden Leichtigkeit des Südens, in der Besonderheit der Urlaubszeit - einen Traum. Den Traum von Zylinder und Panamahut, nicht heimlich und nachts daheim auf dem Balkon, sondern öffentlich und nachmittags in einem Café in Ascona.

Jaromir

„Was wohl aus Jaromir geworden ist?“

„Ich weiß es nicht.“

Dann schwiegen sie wieder. Vogelgezwitscher war im Wald zu hören, ab und zu schüttelte ein leichter Windstoß das Blätterdach, einzelne Tropfen des Regens aus der vorherigen Nacht rieselten herab, verfingen sich und zauberten winzig kleine regenbogenfarbene Kugeln in die Spinnennetze.

Die milde Sonne des Altweibersommers wärmte angenehm und leises Rascheln kündete vom emsigen Suchen der Amseln nach Würmern, die der nächtliche Regen an die Oberfläche gelockt hatte.

„Jaromir mochte dieses Wetter. Es war seine Lieblingsjahreszeit.“

„Was willst du immer noch mit Jaromir?“

„Jaromir hat uns geliebt. Er hat alles für uns gegeben, sogar seine Familie verraten...“

„... und anschließend uns!“

Der linke Stiefel knarzte zornig, während der rechte, der Jaromir noch immer schmerzlich vermisste, nichts zu erwidern wusste.

Sie schwiegen wieder und jeder hing seinen Gedanken nach.

Wie immer im April war Jaromir mit den anderen Erntehelfern in Ostholstein eingetroffen, dem nördlichsten Spargelanbaugebiet Deutschlands, nur wenige Kilometer entfernt von der Ostsee. Die bekamen sie allerdings nie zu sehen, zu hart war die tägliche Arbeit, zu karg ihr Leben in den Containern. Zu sechst schliefen sie in den Blechbehausungen, jeder verfügte nur über zwei Quadratmeter Bett, einen Stuhl und einen schmalen Spind während der Erntezeit, in der sie Knochenarbeit verrichteten, die aber gut bezahlt wurde. Seit sie in Deutschland den Mindestlohn eingeführt hatten, gab es sogar noch mehr. Jaromir stellte allerdings fest, dass die Anfangs- und Schlusszeiten seither ein wenig „großzügiger“ ausgelegt wurden und die Traktoren, die sie auf die Felder brachten, früher kamen, und sie später als in den vergangenen Jahren wieder abholten. Zu beweisen war das allerdings nicht - und überhaupt, wie hätten sie sich dagegen wehren sollen?

Am zweiten Sonntag allerdings war nachmittags frei. Jaromir hatte sich mit seinen Zimmergenossen in das nahegelegene Städtchen begeben und schlenderte nun durch die sauberen Gassen mit dem alten denkmalgeschützten Kopfsteinpflaster, betrachtete die ordentlichen Klinkerhäuser, fast alle geschmückt mit Blumenkästen und Strohblumenkränzen an den Türen und oft standen weißgestrichene Bänke in den gepflegten Vorgärten. Wie gut mussten es die Einwohner hier haben.

Jaromirs Gedanken wanderten nach Hause in sein belarussisches Dorf, zu den heruntergekommenen Hütten, den verfallenen Scheunen, den am Wegrand liegenden Schrottautos. Der Reichtum der ‚neuen Zeit' war bei ihnen nie angekommen.

Jaromir blieb vor einem Reisebüro stehen. Nicht die Bilder von Sandstränden auf Mittelmeerinseln faszinierten ihn, sondern das Plakat „Kennen Sie Deutschlands Städte?" Darauf Bilder vom Kölner Dom, dem Brandenburger Tor, der Nürnberger Kaiserburg, dem Hamburger Hafen, dem Lübecker Holstentor, der Dresdener Frauenkirche, dem Schweriner Schloss und der Skyline von Frankfurt. Wie gerne würde er alle diese Stätten einmal mit eigenen Augen sehen.

Seufzend wandte er sich ab und schaute - um sich abzulenken - in die Auslage des Geschäftes nebenan. Es war ein Schuhgeschäft. Er entdeckte sie sofort. Da standen sie, seine absoluten Traumwanderschuhe. Groß, fest, über die Knöchel reichend, aber nicht klobig. Die Nähte gut verarbeitet, die Seiten auf Knöchelhöhe gepolstert. Dem herauslugenden Futter sah man an, dass es Wind und Wetter gewachsen war.

Das Großartigste aber war - die Farbe! Nicht in jenem immer gleichen Naturbraun oder Grau, nein, sie waren in sattem dunklen Moosgrün eingefärbt. Das verlieh ihnen etwas Gediegenes, etwas Verlockendes, etwas ganz und gar Außergewöhnliches. Er blickte auf den Preis. Schon in hiesigen Euro war die Summe erschreckend hoch, die Umrechnung in Rubel ließ ihn schwindlig werden. Er warf einen letzten Blick auf die Objekte seiner Begierde und begab sich zurück zum Spargelhof. Er hatte die Lust am Bummeln verloren.

Die Stiefel ließen ihn nicht los. Es begann damit, dass er allen Menschen auf die Füße blickte. Nach einiger Zeit erkannte er die anderen mühelos an ihrem Schuhwerk - wie sie hießen, interessierte ihn nicht. Keiner hatte so großartige Wanderstiefel, wie die, die im Schaufenster lagen. Alle Preise, die auf irgendwelchen Schildern geschrieben standen, wurden mit dem Stiefelpreis verglichen. Nachts träumte er von Schuhgeschäften. Schließlich erinnerte ihn sogar sein Spargelstecher an die Form eines Schuhlöffels. Die Stiefel wurden zur Obsession. Als er vier Wochen später wieder an dem Plakat für Städtereisen vorbeikam, erkannte er den eigentlichen Grund für sein Begehren. Er wollte dies alles sehen. Er wollte hinwandern. Am Meer entlang, durch Wälder, über Landstraßen... und das in diesen festen Wanderstiefeln.

Nachts wälzte er sich schlaflos von einer Seite zur anderen. Das Geld. Seine Eltern, seine Tanten und Onkel, vor allem aber seine Großeltern warteten dringend auf das Geld, das er alljährlich aus Deutschland mitbrachte. Und... ja... Marischka... seine Freundin. Noch hatte sie nichts gesagt, jedenfalls nicht so richtig, aber er wusste, sie wartete darauf, dass er ihr einen Antrag machte. Sie waren beide 24 Jahre alt, Marischka wurde etwas nervös, schließlich wollte sie Kinder... mindestens zwei.

Jaromir seufzte. Er wollte lieber zwei Schuhe und zwar diese Schuhe. Er wollte - wenn schon nicht die ganze Welt - so doch wenigstens Deutschland sehen, dieses reiche Land mit seinen wunderschönen Städten. Die Sprache hatte er ein bisschen gelernt, er würde sich zurechtfinden. Aber seine Familie... Babuschka... neues Kochgeschirr, davon träumte seine Großmutter schon lange, seit ihr geliebter gusseiserner Topf zersprungen war.

Irgendwann schlief Jaromir ein, doch das Thema hakte sich - wie immer - auch in seinen Träumen fest.

Jahre später würde Jaromir behaupten, er hätte den Beschluss ganz spontan gefasst, als er den Lohn für seine geleistete Arbeit in die Hand bekam. Er schulterte den Rucksack, ging hinüber ins Städtchen, kaufte die grünen Wanderschuhe, deckte sich im Reisebüro mit Prospekten und Kartenmaterial ein und marschierte los. Sein erster Weg führte ihn an die Ostsee.

Was für ein wunderbarer Anblick. Tief atmete Jaromir die klare Meerluft ein und genoss das Gefühl, hier ganz allein und frei zu sein. Jetzt gehörte jede Sekunde ihm, alle Wege lagen zu seinen Füßen. Sein Herz klopfte erwartungsvoll und so wandte er sich als erstes der Fehmarnsundbrücke zu, denn er war noch nie auf einer Insel gewesen.

So reiste der junge Mann durch Deutschland. Unterwegs war er per Anhalter, mit dem Bus und natürlich zu Fuß. In Kälte und Hitze trug er seine geliebten Schuhe.

Im Alten Land, an der Mosel und am Bodensee arbeitete er als Erntehelfer und pflückte Äpfel, Weintrauben und Kirschen, um wieder Geld in die Hand zu bekommen. Er schlief unter Brücken, im Wald und in Männerwohnheimen.

Er sah den Kölner Dom, das Brandenburger Tor, die Nürnberger Kaiserburg, den Hamburger Hafen, das Lübecker Holstentor, die Dresdener Frauenkirche, das Schweriner Schloss und die Skyline von Frankfurt.

Eines wunderschönen Spätsommermorgens wanderte er durch den Taunus, als er plötzlich ein Geräusch hinter sich hörte. Eine Ausflugskutsche näherte sich ihm von jener Art, in der sich junge Leute an einem Biertisch sitzend von einem Chauffeur durch den Wald fahren lassen, um zu reichlich fließendem Alkohol Lieder meist gleichen Inhalts zu singen.

Jaromir erstarrte. Er kannte diese Lieder. Es waren junge Leute aus seiner Heimat, die diesen Ausflug zum Abschied ihres Auslandssemesters organisiert hatten. Und so, als sei es Zeit für ein Zeichen, stimmten sie genau auf seiner Höhe das Lied von der Babuschka an.

Ohne anzuhalten oder ihm auch nur zuzuwinken, fuhren die Studenten weiter und waren bald verschwunden.

Jaromir stand einen langen Augenblick still. Dann zog er bedächtig seine Wanderschuhe aus, knüpfte die Schnürsenkel sorgfältig zusammen und hängte sie über ein seit langer Zeit vergessenes altes Gatter. Er zog die alten Turnschuhe an, in denen er drei Jahre zuvor nach Deutschland gekommen war und verließ das Meer, den Wald, die Städte, Deutschland.

Der rechte Stiefel stieß leicht gegen den linken:
„Du?“
„Ja, aber schweig` von Jaromir!“
„Hoffentlich ist er gut heimgekommen“.

Zeit

Am Ufer des kleinen Baggersees wuchs stolz ein Fingerhut über einen Meter hoch empor, gestützt von einem großen Granitstein.

„Du bist fabelhaft“, dankte der Fingerhut allmorgendlich seiner Stütze, wenn er des Nachts wieder ein Stück gewachsen war. Das Wort ‚fabelhaft‘ hatte er kürzlich von zwei vorübergehenden Wanderern aufgeschnappt, die seine Blütenpracht bewundert hatten.

Eines Tages wurde eine schwarze Plastikarmbanduhr angeschwemmt, die wohl ein Schwimmer verloren hatte.

„Wer bist du denn?“, fragten beide erstaunt.

„Ich bin ein Zeitmesser“, erklärte die Uhr stolz, „ich messe, wie die Zeit vergeht und wie viel Zeit vergangen ist.“

„Dann musst du sehr sehr alt sein“, meinte der Stein nachdenklich, auf die fünfhundert Millionen Jahre seines Lebens blickend.

„Nein, nein, sehr jung!“, widersprach der Fingerhut, der in der Blüte seiner fünften Woche stand.

Sie beobachteten die Uhr nun neugierig.

„Du bewegst dich ja immer im Kreis“, bemerkte die Blume nach einer Weile erstaunt, „ganz schnell, gemächlich und ganz langsam. Ist vielleicht ‚ganz langsam‘ für den Stein und das ‚ganz schnell‘ für – für mich?“

In diesem Augenblick tickte der Sekundenzeiger noch zweimal, dann blieb die Uhr stehen.

„Und nun?“, fragte bang der Fingerhut.

„Nun ist wieder alles gut.“, lächelte der Stein. „Zeit vergeht nur, wenn sie gemessen wird.“

„Faa-bel-haft!“, jubelte der Fingerhut und ahnte nicht, wie recht er damit hatte.

Perfekter Sonntag

Heute ist Samstag - also noch Schonfrist.
Und dann ist er da, der Tag, den du
einen perfekten Sonntag nennst.
Und auf dem bestehst du, denn schließlich bist auch du perfekt.
Dazu gehört Frühsport mit Jogging und Yoga,
dann grünes Smoothie und Amaranth.
Jetzt eine Stunde Aufarbeit,
was unter der Woche liegengeblieben ist.
Und dann kommt das Kochen.
Das lässt du dir sonntags nicht nehmen.
Natürlich chinesisch.
Mit frischem knackigen Gemüse, Pilzen und Saucen...
Aber leider:
Auch Duftreis wird irgendwann monoton!
Die Nachmittage sind verplant - weit im voraus.
Dennis hat Geburtstag, Taufe bei Annika,
Am Abend Konzert oder Oper…
Du würdest - wenn es ginge -
auch auf einem Esel durch Alaska reiten;
und der Esel wär' dir dabei völlig egal!
Hauptsache: geiler Event!
Jetzt hier und ganz heimlich
allein unter der Dusche schildre ich dir
wovon ICH träum':
Ausschlafen, bis die Sonne hoch am Himmel steht.
Mettbrötchen, Rührei mit Speck und dann
ein dicker Klecks Marmelade!
In Jeans und altem T-Shirt Zeitung lesen und
irgendwann am Nachmittag eine Currywurst
oder Pizza Calzone von Alfredo -
der macht die beste.
Und abends Tatort. Im Lommelanzug.
Mit Bier und Chips.
Gut, bei den Chips mach' ich Kompromisse:
Es dürfen Linsenchips sein.
Aber damit gut!
Das wäre er - der perfekte Sonntag!

Dankeschön!

Ganz viel über das Leben kann nur schreiben, wer von ganz viel Leben umgeben ist und das heißt: Von ganz viel Lebendigen!
Und mittlerweile von Toten, die ganz lebendig waren.
Ob mein Mann, meine Familie, meine Freundinnen und Freunde, Vertraute oder intensive und flüchtige Reise- und Kneipen- begegnungen in ganz Deutschland und überall auf der Welt - ohne Teilhabe an euer aller Leben wäre meines ein betrübliches Dasein.
Neue Geschichten werden aus Erfahrungen geboren und Phantasie schöpft aus gesehenen Bildern. So gilt euch allen mein Dank, die ihr so große, so verschiedene und wunderbare Puzzleteile in meinem Leben seid.
Doch EIN Name will genannt sein:
Ohne deine Impulse und Ideen, liebe Senta Bonneval, wäre dieses Buch niemals entstanden!

Foto: Jutta Lücke

Claudia Wenke-Matz
geboren 1953 in Nürnberg, Studium von Germanistik, Politik, Psychologie und Pädagogik in Tübingen und Reutlingen. Gelebt hat sie außerdem in Lausanne, auf der Schwäbischen Alb und im Cuxland.
Seit 2014 wohnt sie auf Fehmarn und widmet sich dort intensiv dem Schreiben von Kurzgeschichten und Gedichten, nachdem sie früher schon Kindertheaterstücke veröffentlicht und mehrere Textaustellungen und Lesungen für Erwachsene in Stade, Bremen, Oberndorf und Heiligenhafen hatte.

www.claudia-wenke-matz.de

CIP - Titelaufnahme in die Deutsche Nationalbibliothek

Claudia Wenke-Matz
7 mal 7 mal Zuversicht

ISBN: 978-9-4037-6178-7

Texte: Claudia Wenke-Matz

Coverbild: Claudia Wenke-Matz
Satz und Gestaltung: Hervé Maillet
Herausgeberin: Claudia Wenke-Matz